Riaz Khadem
Robert Lorber

Das MEMO-Management

Erfolg durch richtige Informationsarbeit

Vorwort von Kenneth Blanchard,
Co-Autor des Buches
«Der Minuten-Manager»

Rowohlt

Die Originalausgabe erschien 1986 unter dem Titel
«One Page Management. How to Use Information
to Achieve Your Goals»
im Verlag William Morrow and Company, Inc., New York
Schutzumschlag- und Einbandgestaltung von Jürgen Kaffer
Deutsch von Lieselotte Mietzner

1.–12. Tausend März 1988
13.–15. Tausend Juli 1991

Satz Trump-Mediaeval (Linotron 202)
Gesamtherstellung Clausen & Bosse, Leck
Printed in Germany
ISBN 3 498 03458 8

Den Männern, Frauen und Kindern
gewidmet,
die sich für den Weltfrieden einsetzen

Einführung

Das vorliegende Buch erläutert die Grundsätze und Techniken des Memo-Managements an Hand der Geschichte von Brian Scott, dem neubestellten Generaldirektor eines maroden Industrieunternehmens. Scott tritt seinen Posten an, nur um sofort von einer Flut von Berichten aus den einzelnen Abteilungen der Firma überrollt zu werden. Er bemüht sich, einen Überblick über die Lage des Unternehmens zu gewinnen – doch dies entpuppt sich als unerwartet schwieriges Problem.

Statt eines Industrieunternehmens hätten wir ebensogut eine Bank, eine Versicherung, ein Krankenhaus oder ein Hotel zum Schauplatz des Geschehens machen können. Überall müßte Scott dieselben Strategien anwenden, um sich einen Weg durch den Informationsdschungel zu bahnen.

Zu den hier vorgelegten Konzepten kamen wir, indem wir Hunderte von Führungskräften an ihren Arbeitsplätzen besuchten. In den Büros dieser Manager studierten wir an Ort und Stelle, wie heute in den Firmenleitungen gearbeitet wird. Im Gespräch mit ihnen diskutierten wir die Fragen, die sich aus der Einstellung der heutigen Manager zu ihrer Arbeit, zu der von ihnen erwarteten Leistung und zu ihrem Umgang mit Information ergeben. Auf diese Weise kamen wir allmählich dahinter, wie man Information am besten, am sinnvollsten nutzt.

Wir hoffen, daß Sie unsere Ergebnisse bei Ihrer Arbeit anwenden und damit sich selbst und Ihren Mitarbeitern das Leben erleichtern.

Riaz Khadem
Robert Lorber

Vorwort

Ein Jahr nachdem «Der Minuten-Manager» erschienen war, fragte ich Bob Lorber, ob er Lust habe, gemeinsam mit mir ein Buch über die praktische Durchführung des Minuten-Managements zu schreiben. Die drei Geheimnisse des Minuten-Managers waren zwar weiterhin als klare, praxisbezogene Management-Konzepte akzeptiert worden, aber ich zweifelte daran, ob man sie in den Firmen wirklich zu einem Bestandteil des beruflichen Alltags machen würde. Allzuoft hatte der wetterwendische Umgang vieler Organisationen mit Management-Konzepten mich enttäuscht. Ich hatte im Lauf der Jahre erfahren, daß DIE MEISTEN FIRMEN SICH VIEL LIEBER NACH NEUEN MANAGEMENT-KONZEPTEN UMSEHEN, ALS SICH AN DIE PRINZIPIEN ZU HALTEN, DIE SIE IHREN MITARBEITERN GERADE BEIGEBRACHT HABEN.

Entsprechend handelte mein und Bob Lorbers Buch «Die Praxis des Ein-Minuten-Managers» von der systematischen Umsetzung der drei Geheimnisse Zielsetzung, Lob und Kritik. Bob geht davon aus, daß alle Organisationen fünf grundlegende Systeme entwickeln müssen, und zwar:

1. Das Kompetenz-System – Jeder Mitarbeiter muß genau wissen, was er zu tun hat.

2. Das Daten-System – Es müssen Leistungsinformationen gesammelt werden, damit keine gute Leistung übersehen wird.

3. Das Feedback-System – Aufgrund der Leistungsinformationen bekommt jeder Mitarbeiter Feedback, so daß er seine gute Leistung halten oder sich noch stärker um das Erreichen des angestrebten Ziels bemühen kann.

4. Das Anerkennungs-System – Gute Leistungen müssen gewürdigt werden. Spitzenunternehmen brauchen nichts so nötig wie ein leistungsbezogenes Anerkennungssystem.

5. Das Weiterbildungs-System – Verfügen Mitarbeiter nicht über die nötigen Kenntnisse und Fertigkeiten, müssen sie geschult werden. Hohe Anforderungen führen, wenn die nötigen Voraussetzungen fehlen, zu Frustration und schlechten Leistungen.

Spezialisten der Beratungsfirmen Lorber Kamai Associates, Inc., und Blanchard Training and Development, Inc., haben beim Aufbau dieser Systeme in Industriefirmen gute Arbeit geleistet, allerdings noch ohne das Instrument systematischer Informationssammlung miteinzubeziehen. Deshalb war Bob Lorber begeistert, als er Riaz Khadem kennenlernte und von seinem Memo-Management-System erfuhr. Riaz ist Fachmann im Bereich der Informationsverarbeitung. Durch sein Memo-Management-System bekommen die eben genannten Kompetenz-, Daten- und Feedback-Systeme erst den richtigen Biß. Riaz Khadem fügt Erkenntnisse der Informatik und Verfahrensweisen der Computertechnik zu einem System zusammen, das es Managern erlaubt, ihre Mitarbeiter dabei zu erwischen, wie sie etwas richtig machen. Dies ist im Berufsleben ein wichtiger menschlicher Faktor.

Durch das Memo-Management-System werden Informationen über herausragende Leistungen ebenso wie immer wiederkehrende Probleme die verschiedenen Stufen der Organisationshierarchie hinauf weitergegeben. Das von Thomas J. Peters und Robert H. W. Waterman in ihrem Buch «Auf der Suche nach Spitzenleistungen» propagierte Mobile Management (Management by wandering around) wird auf diese Weise zu einem noch effektiveren Führungsinstrument. Allerdings: sind solche «Chefvisiten vor Ort» nur eine nette Geste, dann bringt das wenig. Worauf es ankommt, ist vielmehr, seine Mitarbeiter dabei zu erwischen, wie sie etwas besonders gut machen oder, wenn es irgendwo immer wieder Probleme gibt, nach «gordischen», durchschlagenden Lösungen zu suchen.

Ich habe große Achtung vor Bob Lorber, weil er Riaz Khadems informationelles Genie erkannt und ihn ermutigt hat, seine Ergebnisse in eine für Manager verständliche Form zu bringen. Ich habe Bob und Riaz empfohlen, sich beim Schreiben an das bewährte Muster der Minuten-Manager-Bücher zu halten, hat es sich doch gezeigt, daß Manager auf diese Weise besonders gern lernen. Also haben die beiden ihr Buch als klare, verständliche Geschichte geschrieben. Es wird auf jeden Fall den Mitarbeitern von Organisationen aller Art helfen, Informationen in gewinnbringender Weise einzusetzen.

Ich empfehle das Memo-Management-System ohne Vorbehalte. Ich bin sicher, auch Sie werden es als nützliches Instrument schätzen. Mit diesem Buch wurde ein weiterer Schritt vollzogen, teilweise sehr komplizierte Forschungsergebnisse ohne Substanzverlust für Führungskräfte aller Stufen anwendbar zu machen.

Kenneth H. Blanchard

Inhalt

VIERTER TEIL:
DIE KRAFT DES MEMO-MANAGEMENTS

Erster Teil: Das Informationsproblem

DIE X-CORP, ein großer Mischkonzern, war in Bedrängnis. Die Unternehmensgruppe hatte in den letzten beiden Jahren Verluste gemacht. Der Verkauf war zurückgegangen. Die Lagerbestände wuchsen und wuchsen. Einige Fabriken hatte man schließen müssen. Den großen Konkurrenten von X-Corp ging es so gut wie nie.

Am Freitagvormittag war der Aufsichtsrat der X-Corp zusammengetreten und hatte Brian Scott zum Direktor und Hauptgeschäftsführer gewählt. Scott hatte beeindruckende Erfolge vorzuweisen. Er hatte in der Vergangenheit bereits zwei andere angeschlagene Firmen saniert. Eine dieser Firmen hatte er im Lauf von nur drei Jahren von der Zahlungsunfähigkeit wieder in die schwarzen Zahlen gebracht. Scott besaß die seltene Gabe, zum Kern der Probleme vorzustoßen und effektive Lösungen zu verwirklichen. Er war dynamisch, entscheidungsfreudig, optimistisch und mutig. Der Aufsichtsrat war zuversichtlich, in Scott den richtigen Mann gefunden zu haben für das Problem X-Corp.

Zwei Jahre lang völlige Handlungsfreiheit bat Scott sich aus, um die Situation von Grund auf zu ändern. Der Aufsichtsrat ging auf diese Bedingung ein. Und nun ging's los für Brian Scott.

Es war ein schöner, sonniger Montagmorgen. Scott fuhr den Wagen aus der Garage und winkte seiner Frau und den beiden Kindern zu. Als er sich in den morgendlichen Berufsverkehr einreihte, durchrieselte ihn das Gefühl der Vorfreude auf all das Neue, was dieser Tag ihm bringen würde.

Er überdachte das Erste-Hilfe-Programm, das er aufgestellt hatte, um die X-Corp zu sanieren. Dazu gehörten drastische Kostenkontrollen, Abbau der Lagerbestände und eine höchst sorgfältige Steuerung der Liquidität. Es ließ sich auch nicht vermeiden, einige Leute zu feuern, die die Verantwortung für den augenblicklichen Zustand der Gruppe trugen.

Scott wußte jedoch, daß er auch einen Langzeit-Plan brauchte, wenn es in Zukunft mit der X-Corp wieder aufwärtsgehen sollte. Eine solche Dauerlösung war jedoch viel schwerer zu finden. Als er zügig auf das imposante Gebäude der X-Corp zufuhr, ging ihm immer wieder ein und derselbe Gedanke durch den Kopf:

Nur wer weiß, wo der Fehler steckt, kann ihn beheben

SCOTT hatte die Geschäftsberichte der X-Corp eingehend studiert. Er wußte, daß die Ertragslage schlimm war und sich ständig verschlechterte. Aber er wußte auch, daß er aus den Geschäftsberichten nicht alles erfahren konnte. Seine Vermutung war, daß es mehrere verschiedene Schwachstellen gab. Um sich unabhängig von den Zahlen ein vollständiges Bild machen zu können, beschloß er, mit dem Hauptfinanzdirektor der Unternehmensgruppe zu sprechen, um dessen Beurteilung der Lage kennenzulernen.

Als Scott in sein Büro kam, begrüßte er seine Sekretärin Joanne Evans und bat sie, Joe Rayner, den Leiter der Finanzen, zu rufen.

Wenige Minuten später betrat er, ein grauhaariger Herr in den Sechzigern, Scotts Büro.

Scott begrüßte ihn, und die beiden Männer nahmen Platz.

«Worin sehen Sie die Ursache für den Niedergang der X-Corp?» fragte Scott.

«Ich führe unser kümmerliches Abschneiden auf Ihren Vorgänger zurück», gab Rayner zur Antwort. «Er expandierte zu rasch und weitete die Produktion nach zu vielen Richtungen hin aus. Das zwang uns, auf den Finanzmarkt zu gehen, um unsere Kapitaldecke zu verstärken – und das ausgerechnet zu einer Zeit, als das Geld teuer war und unsere Kreditfähigkeit ständig sank.

Ich denke, die hohen Finanzierungskosten und unsere geringe Erfahrung in den neuen Marktsektoren haben dazu geführt, daß wir die Bedürfnisse der Käufer nicht so gut getroffen haben wie die Konkurrenz», fuhr Rayner fort.

Diese Lagebeurteilung deckte sich weitgehend mit der Meinung Scotts. Ihm war jedoch nicht recht wohl bei dem Gedanken, daß der oberste Finanzmanager des Unternehmens die Schuld an der katastrophalen Ertragslage einem Abwesenden in die Schuhe schob, der sich nicht wehren konnte. Scott dankte seinem Finanzmann und begleitete ihn zur Tür.

Gut möglich, daß der Finanzchef recht hatte. Natürlich wußte Scott, was in einem solchen Fall als erstes zu tun war: er mußte die Rentabilität der verschiedenen Produkt- und Service-Linien prüfen und alle diejenigen, die unterm Strich nichts einbrachten, sofort stoppen. Aber er hätte doch gern gewußt, warum die X-Corp auf so viele neue Märkte gegangen war und warum die neuen Produkte sich nicht durchsetzen konnten.

Scott sagte seiner Sekretärin, er wolle den Leiter des Hauptproduktionssektors der X-Corp sprechen.

Zehn Minuten später stand Tom Brown, ein Mann in mittleren Jahren, in Scotts Vorzimmer. Er war einer der Spitzenleute des alten Managementteams, das eng mit Scotts Vorgänger zusammengearbeitet hatte.

Die X-Corp hatte eine Menge Waren produziert, die nicht gekauft wurden, und Brown wußte, daß viele seine Abteilung dafür verantwortlich machten. Er war ziemlich nervös, als er Brian Scott, seinem neuen Boss, gegenüberstand. Nach der Begrüßung wartete er ab, bis Scott das Wort an ihn richtete.

«Nun sagen Sie mir doch mal», fing der Neue an, «wo liegt hier bei X-Corp wirklich das Problem?»

Brown fühlte sich bedroht durch diese Frage. Er verkrampfte sich.

«Ich habe hier eine Menge Probleme vorgefunden, als ich als Produktionsleiter anfing. Seit damals hat sich die Lage schon sehr gebessert. Das eigentliche Problem ist der Verkaufssektor. Der Verkauf stagniert und ist völlig unregelmäßig. Wir müssen deshalb unsere Produktionspläne immer wieder kurzfristig umstellen. Die Vertreter machen Lieferzusagen, ohne sich mit uns abzustimmen, und sie geben uns die Informationen, die wir brauchen, erst in letzter Minute. Auf diese Art kann man keine sinnvolle Fertigungsplanung betreiben! Und wenn wir nicht genau wissen, was und wieviel wir produzieren sollen, können wir die Maschinen nicht voll auslasten. Deshalb haben wir so übermäßig viele Ausfallzeiten.»

Browns Erklärung leuchtete Scott ein, aber es blieb ihm ein Rätsel, warum Fertigung und Verkauf es nicht schaffen, sich besser zu koordinieren. Er dankte Brown, verabschiedete sich von ihm und bat dann den Verkaufsleiter zu sich.

Peter Clark war ganz anders, als Scott erwartet hatte. Anders als der nervöse, sich ständig verteidigende Brown, war der Verkaufsleiter voller Elan.

«Warum ist die X-Corp in Schwierigkeiten geraten?» fragte ihn Scott.

«Mr. Scott, unsere Hauptprobleme sind die mangelhafte Qualität unserer Produkte und der schleppende Versand an die Kunden. Viele von ihnen bestehen darauf, daß auf die Minute genau geliefert wird, damit sie ihren Lagerbestand klein halten können – aber wir konnten unsere Zusagen mehrmals nicht einhalten. Aus diesen beiden Gründen haben wir eine Menge Kunden verloren. Sehen Sie, über meine Abteilung läuft der Kontakt der Kunden mit unserer Firma. Wir müssen den Kopf hinhalten, wenn sie verärgert sind. Ich kriege einfach zu viele Kartons mit fehlerhafter Ware auf den Tisch, die ich in unsere Betriebe zurückschicken muß. Darunter solche, auf die der Kunde mehr als dreißig Tage über den versprochenen Liefertermin hinaus gewartet hat!»

Clarks Ausführungen machten Scott noch einmal deutlich, wie ernst die Lage von X-Corp war. Er hatte noch viele Fragen an Clark, beschloß aber, sie sich für später aufzuheben. Statt dessen dankte er Clark für seine Beurteilung der Dinge.

Als Clark gegangen war, überdachte Scott die Situation. Zu den Übeln, unter denen die X-Corp litt, gehörten: mangelhafte Abstimmung der einzelnen Abteilungen untereinander, Schuldzuweisungen und die Weigerung, selber Verantwortung zu übernehmen.

Scott erkannte, daß er noch genauere und verläßlichere Informationen brauchte. Er rief seine Sekretärin.

«Eine Woche lang möchte ich alle Papiere sehen, die auf Ihren Schreibtisch kommen», sagte er.

«Gern, Mr. Scott», sagte Joanne Evans. «Und hier ist eine Liste der Herren, die gern mit Ihnen sprechen möchten.»

«Vielen Dank. Meine erste Woche will ich aber nicht nur in Konferenzen verbringen. Statt dessen möchte ich Sie bitten, mir beim Kennenlernen der Firma zu helfen.»

Joanne Evans lächelte. «Ich werde mein möglichstes tun. Womit wollen Sie anfangen?»

«Als erstes machen Sie mir bitte einen Termin mit dem Leiter der Datenverarbeitung.»

«Das betrifft Ken Johnson», sagte Joanne Evans.

Sie ging hinaus, kam jedoch umgehend mit einem dikken Stapel von Schriftstücken wieder. Sie legte den ganzen Berg auf Scotts Schreibtisch. «Hier ist die Korrespondenz. Viel Spaß beim Lesen!» sagte sie und lächelte mitfühlend.

Eine Stunde später kam Ken Johnson.

«Ich hoffe, daß Sie mir helfen können», begrüßte ihn Scott. «Ich brauche Informationen über unsere Produkte, über unsere Service-Leistungen, über unsere Kunden und über unsere Marktanteile.»

Johnson war ein methodischer Mensch, der schon fünfzehn Jahre lang im Bereich Datenverarbeitung tätig war. «Sagen Sie mir bitte, welche Art von Informationen Sie brauchen, dann stelle ich Ihnen gern einen Bericht zusammen», sagte er.

«Erstens brauche ich Informationen über die Finanzlage aller zu uns gehörenden Betriebe», erklärte Scott. «Also: Haben die einzelnen Teilbereiche im letzten Quartal Gewinn oder Verlust gemacht? War das letzte Quartal typisch für jedes Werk? Wie sieht es im Vergleich zum entsprechenden Quartal in den letzten Jahren aus?

Zweitens benötige ich genaue Angaben über unsere Arbeitsproduktivität, und ich muß wissen, wie der Verbraucher die Qualität unserer Produkte einschätzt.

Drittens brauche ich die Verkaufsziffern und den Marktanteil für alle Produkte und den Vergleich mit den Produkten der Konkurrenz.

Viertens interessieren mich der Stückpreis und die Stückkosten, aufgeschlüsselt nach den wichtigsten Kostenfaktoren.»

Johnson schrieb sich sorgfältig alle Punkte auf. Je länger die Liste wurde, desto ernster wurde seine Miene. Er fragte Scott: «Sie wollen alle diese Angaben für jeden Geschäftsbereich und alle Zweigwerke?»

«Ja, natürlich!» rief Scott.

«Ich will mal sehen, was ich tun kann», sagte Johnson.

«Bis wann haben Sie diese Informationen beisammen?» fragte Scott.

«Ich muß ein kurzes Programm schreiben, um zu sehen, wie lange das dauern wird», antwortete Johnson. «Na, vielleicht ein paar Wochen, ich kann es noch nicht genau sagen.»

«Aber ich will diese Informationen morgen schon haben!» rief Scott.

«Einen Bericht wie diesen kann ich unmöglich bis morgen für Sie zusammenstellen. Sie fragen nach Dingen, die bisher noch nie jemand wissen wollte. Wir sind nicht darauf eingerichtet, sofort Auskunft zu geben.»

«Sie haben diese Art von Angaben bisher noch nie zusammengestellt? Aber haben Sie denn keine Berichte, die ich mir ansehen könnte?»

«Doch», sagte Johnson. «Ich hatte vor, diese Informationen aus verschiedenen Berichten herauszuziehen und für Sie neu zusammenzustellen. Und das braucht eben seine Zeit.»

«Geben Sie mir die Berichte, wie sie sind», ordnete Scott an. «Ich werde sie selbst durchsehen.»

«Das kann ich auf jeden Fall bis morgen erledigen.» Nach einem Händedruck mit Scott verließ Johnson das Büro.

Scott ging zu seinem Schreibtisch und strich den nächsten Morgen auf seinem Kalender aus. Dann ging er zu seiner Sekretärin. «Als nächstes würde ich gern die Personaldirektorin sprechen, Gail Locke.»

Zehn Minuten später öffnete Scott einer eleganten Dame Anfang Vierzig die Tür. Er begrüßte sie, bot ihr einen Stuhl an und kam dann direkt zur Sache.

«Sie und ich wissen, daß jede Firma mit ihren Mitarbeitern steht und fällt. Ich möchte, daß unsere Angestellten engagiert und verantwortlich arbeiten. Ich möchte, daß wir alle hier ein großes Team bilden. Dazu muß ich unsere Mitarbeiter jedoch erst kennenlernen – und dafür brauche ich Ihre Unterstützung.»

Frau Locke nickte zufrieden. Die Worte Scotts waren ihr aus dem Herzen gesprochen. Sie lächelte zustimmend.

«Doch bevor wir Veränderungen einleiten, muß ich mir erst ein Bild von der jetzigen Situation machen», fuhr Scott fort. «Ich brauche Informationen über unsere Mitarbeiter. Zum Beispiel: Wie viele Mitarbeiter beschäftigen wir in den einzelnen Abteilungen, Geschäftsbereichen und Zweigwerken? Wie ist das Verhältnis Männer – Frauen, Arbeiter – Angestellte? Wie hoch sind die Löhne und Gehälter in den verschiedenen Abteilungen, und wie steht es mit den außertariflichen Zulagen? Welches sind die Spitzenkönner hier in unserer Firma? Das wäre der allerwichtigste Punkt, vor allem: Wie werden die Könner für ihre Leistungen belohnt?» Scott schloß: «Ich brauche so schnell wie möglich detaillierte Angaben.»

Gail Locke machte ein verdutztes Gesicht. «Aber jetzt, wo es der Firma so schlecht geht, können Sie doch die Leute nicht belohnen», sagte sie.

«Doch!» erwiderte Scott nachdrücklich. «Ich weiß, daß die Firma Verluste macht. Aber das heißt doch noch lange nicht, daß wir hier keine Könner haben! Und die will ich kennenlernen, alle die wirklichen Stars, nicht nur die paar Leute in den Führungspositionen, die sowieso im Rampenlicht stehen. Ich will herauskriegen, wer hier tatsächlich den Karren zieht.»

«Und dabei soll ich Ihnen helfen?» rief Mrs. Locke.

«Wer denn sonst?» entgegnete Scott. «Sie sind doch diejenige, die unsere Mitarbeiter am besten kennt oder jedenfalls kennen sollte.»

Gail Locke wußte nicht, was sie sagen sollte. Scott bemerkte ihre Verlegenheit und erkannte, daß er zuviel verlangte.

«Sagen wir so: Tragen Sie alle Informationen zusammen, die Sie finden können, und dann sehen wir uns Ihren Bericht einmal an.»

«In Ordnung», sagte sie zögernd. «Bis wann brauchen Sie das?»

«Bis morgen», antwortete Scott.

«Gut. Ich will schauen, was ich bis morgen nachmittag tun kann.»

«Vielen Dank», sagte Scott und geleitete Gail Locke hinaus.

NACH DEM MITTAGESSEN fand Scott auf seinem Schreibtisch einen gewaltigen Papierstapel vor. «Was ist denn das?» fragte er seine Sekretärin.

«Der erste Stoß Korrespondenz und Berichte von dem, was ich heute nachmittag bekommen habe», antwortete sie. «Wie gewünscht, lege ich Ihnen alles auf den Schreibtisch.»

Scott setzte sich hin und fing an, die Papiere durchzusehen. Als er etwa bis zur Hälfte des Papierbergs gekommen war, fiel ihm etwas Merkwürdiges auf – der kürzeste Brief, den er je gesehen hatte. Er lautete:

«Sehr geehrter Mr. Scott!

Ich kann Ihnen helfen, Ihr Informationsproblem zu lösen.»

Das war alles. Scott lächelte amüsiert, warf den Brief in den Papierkorb und widmete sich wieder der Post.

Zehn Minuten später fischte er den Brief aus seinem Papierkorb, um ihn noch einmal zu lesen.

«Woher weiß dieser Kerl, daß ich ein Informationsproblem habe?» überlegte er. Er fand das Briefchen und las es noch einmal. Es war unterschrieben mit «Der Info-Mann». Mit einem Seufzer knüllte Scott es zusammen und warf es erneut in den Papierkorb. «Na, wenn es wenigstens von Supermann käme», dachte er.

Den Rest des Nachmittags verbrachte Scott mit dem Lesen der Korrespondenz und der Berichte.

DER DIENSTAG VERSPRACH, ein aufregender Tag für Scott zu werden. Gespannt auf die Berichte, die Johnson und Mrs. Locke ihm bringen würden, kam er im Büro an.

Punkt acht klopfte Johnson an die Tür und brachte zwanzig Aktendeckel, von denen jeder etwa fünf Zentimeter dick war. «Hier sind die Finanzberichte aller Geschäftsbereiche für den letzten Monat», sagte er. «Wenn Sie auch die Aufschlüsselungen für die einzelnen Zweigwerke wünschen, so habe ich die in meinem Büro. Ich werde Sie Ihnen bringen lassen. In ein paar Minuten bringe ich Ihnen auch die Betriebsberichte.»

Johnson ging und kam kurz darauf mit einem Wägelchen voller dicker Computerberichte zurück. Er legte sie in einer Reihe säuberlicher Stapel auf Scotts Konferenztisch, dann drehte er sich um und ging.

Entgeistert blickte Scott auf die aufgetürmten Papiere. Er hatte zwar mit mehreren Aktenordnern gerechnet, aber nicht mit solchen Massen. Selbst wenn er es schaffte, alle diese Berichte durchzusehen, würde er sich aus dieser Flut von Informationen dennoch kein klares Bild machen können.

«Ich kann mich nicht durch *diese* Datenmenge hindurchwühlen, um an die wesentlichen Fakten zu kommen, die ich brauche», dachte er. Er erkannte, daß es unmöglich war, sich durch das Studium von Berichten mit der Situation des Unternehmens vertraut zu machen, wie er es sich vorgenommen hatte. Wenn er so vorginge, würde er dazu Monate brauchen.

Nach flüchtigem Durchblättern mehrerer Aktendeckel gab Scott sich geschlagen.

Die Überfülle von Informationen lenkte ihn von den fundamentalen Fragen ab, die er am Vortag gestellt hatte. Er setzte sich hin und atmete ein paarmal tief durch, um sich wieder unter Kontrolle zu bekommen.

Sein Blick fiel auf einen kleinen Computer auf einem Tischchen neben seinem Schreibtisch. Mit Hilfe dieses Computers müßte es doch möglich sein, an die Kerndaten heranzukommen, die er brauchte, ohne sie erst aus einer Unmenge von Zahlen herausfiltern zu müssen. Scott rief seine Sekretärin.

«Wissen Sie, wie man diesen Computer hier bedient?»

«Nein, Mr. Scott. Ich habe ihn noch nie benutzt.»

«Wer kann mir sagen, wie man damit umgeht?»

«Ein Mitarbeiter aus der Datenverarbeitung, der nicht mehr in der Firma ist, hat diese Geräte vor acht Monaten hier aufgestellt», sagte Joanne Evans. «Aber ich bin sicher, daß irgend jemand damit Bescheid weiß. Ich werde mich gleich danach erkundigen.»

«Wer hat diesen Computer in den letzten acht Monaten benutzt?» fragte Scott.

«Niemand. Der vorige Chef mochte keine PCs», erklärte Joanne Evans.

«Warum hat er sich dann einen Computer in sein Büro stellen lassen?»

«Dieser Computer wurde erst zu Demonstrationszwekken hierhergebracht. Später hat man beschlossen, allen Spitzenmanagern einen Computer zur Verfügung zu stellen», antwortete Mrs. Evans.

«Wer hat das beschlossen?»

«Das war die Entscheidung unseres Computer-Ausschusses.»

Scott griff zum Hörer und wählte Johnsons Nummer. «Ich habe hier einen persönlichen Computer», sagte er. «Könnten Sie jemanden herüberschicken, der mir zeigt, wie man damit umgeht? Vielleicht kann ich ja die nötigen Informationen über den Computer bekommen, so daß ich Ihre Berichte nicht alle zu lesen brauche. Das würde mir eine Menge Zeit sparen.»

«Wir kommen sofort rauf», sagte Johnson. «Freut mich zu hören, daß Sie sich für Computer interessieren.»

Eine halbe Stunde später kamen Johnson und sein Assistent in Scotts Büro.

Der junge Assistent schaltete den Computer ein, um Scott vorzuführen, was das Gerät konnte. «Sie haben hier ein Textverarbeitungssystem», sagte er. «Alles, was Sie eintippen, ist leicht zu korrigieren und wird sauber ausgedruckt. Daneben können Sie Tabellenkalkulationen machen, wenn Sie zum Beispiel ein Budget aufstellen oder eine Zukunftsplanung entwerfen wollen. Außerdem hat dieser Computer ein Speicherprogramm, so daß Sie sich ein eigenes Datenarchiv anlegen können.»

Diese Erklärung machte Scott keinen Eindruck. Er brauchte weder ein Textverarbeitungssystem, noch wollte er selbst ein Budget aufstellen oder eine Zukunftsplanung entwerfen. Und noch viel weniger wollte er sich ein Datenarchiv anlegen.

«Was kann dieses Gerät sonst noch?» fragte Scott. «Kann ich Fragen eingeben, so daß ich die Antworten auf dem Bildschirm ablesen kann?»

«Das hängt davon ab, was Sie fragen wollen, Mr. Scott», sagte Johnsons Assistent.

«Wir arbeiten gerade daran, diese PCs an unseren Rechner anzuschließen», erläuterte Johnson. «Das wird Ihnen ermöglichen, in begrenztem Umfang Fragen zu stellen. Allerdings ist dieses Projekt noch nicht abgeschlossen.»

«Wann werden Sie damit fertig sein?» fragte Scott.

«Unserem Plan nach im dritten Quartal des nächsten Jahres.»

Einen Moment lang sagte Scott gar nichts. Dann fragte er: «Und was kann dieses Gerät sonst noch?»

«Es kann alles, was wir Ihnen gezeigt haben, Mr. Scott – und in Zukunft noch eine Menge mehr.»

Scott war wütend. Er sah Johnson scharf an. «Schaffen wir zur Zeit immer noch solche Geräte an?»

«Ja», war Johnsons Antwort. «Wir kaufen sie für die Mitarbeiter, die einen Computer brauchen.»

«Also, ich brauche keinen», sagte Scott mit mühsam beherrschter Stimme. «Statt noch so ein Ding zu kaufen, nehmen Sie meinen und geben Sie ihn irgend jemandem, der ihn brauchen kann.»

«Ja, Mr. Scott», antwortete Johnson. Gemeinsam mit seinem Assistenten trug er Scotts Computer hinaus.

Verärgert saß Scott in seinem Büro. Er erkannte nun, daß er mit seinem Plan, sich ein Bild von der Lage zu machen, nicht weiterkam. Er wußte: Was er hier erlebte, war typisch für viele Unternehmen, wo die Beschäftigten so tief in der täglichen Routine versinken, daß sie sich kaum noch Fragen stellen. Aber es schien unmöglich, eine Antwort auf die fundamentalsten Fragen zu bekommen, und die Zeit stand nicht still.

Es klopfte. Gail Locke trat ein.

«Ich bringe Ihnen einen Teil der Informationen, um die Sie mich gebeten haben», sagte sie.

«Kommen Sie und nehmen Sie Platz», sagte Scott. Die Personalchefin sah Scott an. «Sie wirken bekümmert. Ist irgend etwas nicht in Ordnung?» fragte sie.

«Es sieht so aus. Ich weiß nur noch nicht genau, wo der Fehler liegt», antwortete Scott. «Aber nun zu Ihnen. Was bringen Sie mir?»

«Ich muß vorausschicken, daß ich Ihnen nicht alle Angaben machen kann, um die Sie mich gebeten haben. Ich kann Ihnen die Zahl der Beschäftigten nennen und in etwa angeben, wie sie sich sozioökonomisch zusammensetzt. Aber ich kann Ihnen nicht sagen, wer wofür zuständig ist oder wer besonders viel leistet und wer nicht. Dafür sind wir einfach zu groß. Und danach ist bisher offenbar auch noch nie gefragt worden, obwohl wir intern ein System zur Leistungsbeurteilung haben», erklärte Gail Locke.

«Hier ist das Material, das ich für Sie zusammengestellt habe», fuhr Gail Locke fort und reichte vier Aktenordner. «Sie finden darin Antworten auf einen Teil der Fragen, die Sie gestern angesprochen haben. Mehr Informationen gibt es zur Zeit nicht. Bitte lassen Sie es mich wissen, wenn ich Ihnen in irgendeiner Form weiterhelfen kann», schloß die Personalchefin und verabschiedete sich.

Nachdem Scott Mrs. Locke zur Tür gebracht hatte, lief er unruhig in seinem Zimmer auf und ab. Er betrachtete die Stapel von Berichten und Aktenordnern, die inzwischen in seinem Zimmer aufgereiht waren. Dann setzte er sich an seinen Schreibtisch und überließ sich mit geschlossenen Augen seinen Gedanken.

Er mußte an die wesentlichen Informationen herankommen, aber wie, wie? Bisher hatte er sich bloß im Kreis gedreht. Da fiel sein Blick auf das Organisationsdiagramm der X-Corp, das an der Wand hing. Er besah sich die komplizierte, mehrfarbige Grafik und erkannte, daß er als Leiter des Ganzen zehn Organisationsstufen von der untersten Leitungsebene entfernt war. Er mußte sich unbedingt darüber informieren, was sich auf diesen zehn Organisationsebenen abspielte. Wie sonst sollte er jemals entscheiden können, ob sie überhaupt notwendig waren?

Mit einem Seufzer wandte Scott sich der Post zu, die an diesem Tag gekommen war, und begann, sich durch den Stapel hindurchzuarbeiten.

Mittendrin stieß er auf ein Briefchen, das dem vom Vortag ähnelte. Es war außerordentlich kurz, ohne Absender oder Telefonangabe, und lautete: «Sehr geehrter Mr. Scott! Geben Sie nicht auf. Ich kann Ihnen helfen, Ihr Informationsproblem zu lösen.» Unterschrieben war es mit «Der Info-Mann».

Scott war elektrisiert. «Info-Mann?» dachte er. «Schon wieder! Woher weiß dieser Knabe, daß ich durchhänge, weil ich einfach nicht an die richtigen Informationen rankomme? Kann er vielleicht hellsehen?» Scott rief seine Sekretärin.

«Kennen Sie jemanden namens Info-Mann?» fragte er.

«Info... wie war das noch?» fragte Joanne Evans.

«Info-Mann», wiederholte Scott.

«Nein, ich glaube nicht», antwortete Mrs. Evans und verkniff sich ein Lächeln.

«Sieh mal an», dachte Scott, als sie gegangen war. «Es gibt mehr Dinge zwischen Himmel und Erde, als man sich träumen läßt.» Dann wandte er sich wieder der Post zu.

Am Nachmittag klingelte bei Mrs. Evans das Telefon. «Kann ich Mr. Scott sprechen?» fragte eine angenehme Stimme.

«Er ist noch beim Mittagessen», sagte Joanne Evans. «Wer ist am Apparat?»

«Der Info-Mann», antwortete die Stimme.

Mrs. Evans fing an zu lachen. «Wenn das ein Witz sein soll, werden Sie Mr. Scott im Augenblick nicht in besonders lustiger Stimmung finden.»

«Ich weiß», antwortete der Info-Mann. «Deshalb rufe ich ja gerade an. Ich werde diesen Donnerstag in Ihrer Gegend sein und würde gern um neun Uhr vorbeikommen, um mit Mr. Scott zu sprechen. Sind Sie befugt, für Mr. Scott Termine festzulegen?»

«Ja», sagte Mrs. Evans, ein wenig verblüfft über die Geradlinigkeit, mit der der Unbekannte auf sein Ziel lossteuerte.

Ein Blick in Scotts Kalender zeigte ihr, daß er am Donnerstag morgen noch keine Termine hatte. Also sagte sie dem Anrufer zu und schrieb in den Kalender: «Der Info-Mann».

«Da bin ich aber gespannt, wer am Donnerstag hier aufkreuzt!» dachte sie.

Am Donnerstag morgen Punkt neun Uhr trat ein gutgekleideter Herr in das Büro von Scotts Sekretärin und stellte sich als der Info-Mann vor.

«Guten Morgen, Mr. Info-Mann», begrüßte ihn lächelnd Joanne Evans. «Mr. Scott erwartet Sie.»

Der Info-Mann lächelte ebenfalls. «Ich freue mich, hierzusein», sagte er. Er wirkte gelassen und sicher. Er klopfte an und trat in Scotts Zimmer.

Scott saß an seinem Schreibtisch und las sich durch den neuen Berg von Papieren, der sich auf dem gestrigen Stapel angehäuft hatte. Er erhob sich und begrüßte den Info-Mann ein wenig zurückhaltend.

«Als ich Ihre beiden Briefe bekam, war mir nicht klar, ob es Sie wirklich gibt oder ob Sie ein Eulenspiegel sind», sagte Scott.

«Macht nichts», antwortete der Info-Mann. «Aber ich bin froh, daß Sie nicht sofort abgewinkt haben.» Die beiden Männer setzten sich.

«Sie können also alle meine Probleme lösen», sagte Scott sarkastisch.

«Nein», antwortete der Info-Mann. «Aber bei Ihrem Informationsproblem kann ich Ihnen helfen.»

«Bitte erklären Sie mir, wie das gehen soll», forderte Scott ihn auf.

Der Info-Mann antwortete nicht gleich. Er ließ seine Blicke über die auf Scotts Konferenztisch aufgebauten Berichte und die Papierberge auf seinem Schreibtisch wandern. Dann sah er Scott an und sagte: «Bevor ich Ihnen das erkläre, möchte ich Sie gern etwas fragen.»

«SCHIESSEN SIE LOS!» sagte Scott.

«Worin sehen Sie Ihr Informationsproblem?» fragte der Info-Mann.

Scott wies auf die gestapelten Berichte und die übrigen Papierberge in seinem Zimmer. «Sie sehen ja, was hier alles liegt», sagte er. «Das ist aber bloß ein Bruchteil der Informationsmenge, die in diesem Hause kursiert. Mir fehlt schon die Zeit, um die Papiere hier zu lesen, ganz zu schweigen von denen, die sonst noch im Umlauf sind!»

«Aber Sie glauben, daß Sie alles lesen müßten?» fragte der Info-Mann.

«Natürlich», antwortete Scott, «wenigstens einmal, damit ich weiß, wie die augenblickliche Situation des Ganzen ist. Wie soll ich sonst herausfinden, was hier läuft?»

Das Gesicht des Info-Mannes leuchtete auf. «Das gefällt mir», sagte er. «Viele Führungskräfte verlassen sich darauf, daß ihre Mitarbeiter ihnen schon sagen werden, was sich auf den verschiedenen Organisationsebenen tut.» Er hielt einen Augenblick inne, um seinen Worten mehr Nachdruck zu geben, und sagte dann: «Ich freue mich, daß Sie...

Selbst herausfinden wollen, was los ist

Scott freute sich über das Kompliment des Info-Mannes. Er hatte sich bisher immer selbst informiert, weil er aus Erfahrung wußte, daß er nicht die volle Wahrheit über eine Firma herausfand, solange er sich allein auf die Sichtweise anderer verließ. Und diesem Grundsatz würde er auch diesmal treu bleiben.

«Verstehen Sie mein Informationsproblem?» fragte er den Info-Mann.

«Ich fange an, es zu verstehen», antwortete dieser. «Aber sagen Sie mir erst noch etwas anderes. Angenommen, ich könnte Ihnen helfen – was sollte ich dann ganz praktisch für Sie tun?»

«Wenn Sie mir helfen könnten, diese Berichte hier rasch durchzuarbeiten, damit ich mir ein Bild von den Problemen und den gegebenen Möglichkeiten des Unternehmens machen kann, wären Sie mein Mann. Aber ich weiß ja, daß Sie das nicht können, weil es eben unmöglich ist.»

Der Info-Mann hörte Scott aufmerksam zu. Er dachte eine Weile nach, lächelte und sagte mit großer Überzeugungskraft: «Ich glaube, Sie haben in Wirklichkeit ein doppeltes Informationsproblem. Einmal müssen Sie versuchen, möglichst schnell mit einer großen, fremden Firma vertraut zu werden, um die Lage zu überschauen.

Wenn Sie das geschafft haben, wissen Sie zwar mehr, aber die Informationsflut ist dadurch noch nicht gestoppt. Sobald sich die nächsten Berichte auf Ihrem Tisch anhäufen, ist auch Ihr Problem wieder da. Die zweite Hälfte Ihres Problems besteht nämlich darin, Schritt zu halten mit den neuen Informationen, die laufend hereinkommen. Übrigens könnte ich mir denken, daß das auch für Ihre Mitarbeiter problematisch ist.

Ihre Situation könnte man bildlich umschreiben als die eines Menschen, der in einem Meer von Informationen ertrinkt», fuhr der Info-Mann fort. «Nehmen wir einmal an, die Informationsflut bei Ihnen steigt und steigt und steigt. Wie könnten Sie sich da retten?»

«Ich würde wahrscheinlich versuchen, so schnell wie möglich soviel zu lesen, wie ich überhaupt nur kann.»

«Richtig», sagte der Info-Mann. «Aber was passiert, wenn Sie im Ozean treiben und soviel Meereswasser wie möglich trinken?»

«Ich würde untergehen», antwortete Scott.

Der Info-Mann nickte. «Aber warum ertrinken die Fische nicht, obwohl sie die ganze Zeit im Meer herumschwimmen?» fragte er weiter und gab sich gleich selbst die Antwort.

«Weil sie Kiemen haben – also ein eingebautes Filtersystem, das ihnen erlaubt, nur das aus dem Wasser zu nehmen, was sie brauchen, und sich um den Rest nicht zu kümmern.»

«Genau!» rief Scott. «Ich brauche ein Filtersystem, das alle im Hause vorhandenen Daten durchkämmt und mir nur die vorlegt, die ich brauche.»

«Ich meine auch, daß ein solches Sortiersystem Ihnen helfen würde, mit der Menge der laufend anfallenden Informationen klarzukommen. Denn die Schlüsseldaten, die Sie zur Führung Ihrer Mitarbeiter unbedingt benötigen, passen bequem in drei Kompakt-Memos von je einer Seite.»

«Eine Seite! Ist das ein Witz?» rief Scott. «Wie groß sind diese Seiten?»

Der Info-Mann antwortete lächelnd: «Normales DIN-A4-Format.»

«Aber wo gibt's denn so was!» ereiferte sich Scott. «Ich müßte eigentlich alle diese Berichte hier durcharbeiten, und selbst wenn ich das jemals schaffen würde, hätte ich hinterher wahrscheinlich immer noch das Gefühl, ich brauchte noch mehr verläßliche Informationen. Wie kommen Sie auf die Idee, daß alle diese Daten in ein einziges Memorandum passen?»

«Nicht in ein, in DREI Nur-Eine-Seite-Memos», verbesserte der Info-Mann und reichte Scott ein Blatt Papier.

DIE DREI NUR-EINE-SEITE-MEMOS

1. Das Schwerpunkt-Memo
Die Schlüsselinformationen über IHREN Tätigkeitsbereich

2. Das Feedback-Memo
Die GUTEN und die SCHLECHTEN NACHRICHTEN über IHRE Tätigkeit

3. Das Management-Memo
Die GUTEN und die SCHLECHTEN NACHRICHTEN über die Tätigkeit IHRER MITARBEITER

Nachdem sich Scott die Übersicht angeschaut hatte, begann der Info-Mann zu erklären.

«Im ersten Nur-Eine-Seite-Memo geht es ausschließlich um die Grundinformationen, die Sie in Ihrer Position brauchen. Dieses Memo ist ganz auf Sie zugeschnitten. Außer Ihnen könnte auch keiner etwas damit anfangen, weil niemand in der Firma genau dasselbe tut wie Sie. Das ist das SCHWERPUNKT-MEMO.

Das zweite Nur-Eine-Seite-Memo gibt Ihnen Rückmeldung über Ihre Leistung. Es beleuchtet die guten oder schlechten Nachrichten aus dem ersten Memo. Es ist kürzer als jenes, weil alles, was normal läuft und weder positiv noch negativ ist, darin gar nicht erst auftaucht. Das ist das FEEDBACK-MEMO.

Im dritten Nur-Eine-Seite-Memo finden Sie alle guten und schlechten Neuigkeiten über die Arbeit Ihrer Mitarbeiter. Es gibt Ihnen einen Überblick über das, was sich in den Organisationsebenen unter Ihnen abspielt. Das ist das MANAGEMENT-MEMO.»

Scott fand das Konzept dieser drei Nur-Eine-Seite-Berichte gar nicht so übel. «Ich kann mir vorstellen, daß solche Memos nützlich sein können», sagte er. «Aber wer arbeitet sie aus?»

«Die einzelnen Leitungskräfte entscheiden, welche Informationen sie brauchen – wie das vor sich geht, erkläre ich Ihnen später. Diese Informationen werden gesammelt, gesichtet und nach den Bedürfnissen des Empfängers aufbereitet, und zwar von Hand oder per Computer. Je größer das Unternehmen, desto sinnvoller ist es natürlich, mit dem Computer zu arbeiten.»

«Computer sind mir ein Rätsel», sagte Scott scherzend. «Und das, obwohl ich mir über ihren potentiellen Nutzen im klaren bin und meinen Kindern eben einen zum Spielen gekauft habe.»

Der Info-Mann lächelte. «Ich liebe Computer. Ihnen wird es übrigens genauso gehen, wenn Ihnen der Computer erst einmal einen Teil Ihrer Arbeit abnimmt», prophezeite er und fuhr fort: «Sehen Sie es doch einmal von *der* Seite: Über Ihren Fernseher wissen Sie wahrscheinlich genausowenig wie über einen Computer, und trotzdem benutzen Sie ihn die ganze Zeit und finden nichts Ungewöhnliches dabei.»

«Das stimmt», gab Scott zu.

«Was würden Sie tun, wenn in keinem Programm etwas läuft, was Sie interessiert?» fragte der Info-Mann.

«Dann würde ich eben nicht fernsehen», antwortete Scott.

«Genau. Das ist auch der Grund, warum Sie bisher noch nicht mit dem Computer gearbeitet haben. Entweder gibt es noch kein Computerprogramm, das Ihren Bedürfnissen entspricht, oder wenn es schon eins gibt, sind Sie noch nicht darauf gestoßen. Das Management-System mit den Nur-Eine-Seite-Memos hat jedoch das geeignete Computerprogramm für Sie. Es hilft Ihnen, in einem Meer von Informationen zu überleben.»

Scott war fasziniert von den Worten des Info-Mannes. Er bat ihn, die Arbeit mit dem Computer genauer zu schildern.

«Wie Sie wissen», begann der Info-Mann, «kann man einen Computer so programmieren, daß er dieselben Arbeiten erledigt, die ein Mensch beim Zusammenstellen eines Berichts erledigen würde. Der Computer ist lediglich ein Werkzeug, ein Hilfsmittel. Für ein Haus dieser Größe würde ich ihn immer empfehlen.

Wenn Sie wollen, werde ich Sie besuchen und Ihnen erklären, wie man die Memos manuell erarbeitet. Auf diese Weise können Sie sich entscheiden, ob Sie die Berichte manuell erstellen, Ihre EDV-Abteilung ein Programm entwickeln lassen oder das Computerprogramm TOPS anschaffen: The One Page System. Was Sie auch tun, Sie kommen immer zum selben Ziel: den drei Nur-Eine-Seite-Memos.»

«Drei Nur-Eine-Seite-Memos statt dieser Papierstapel in meinem Büro!» rief Scott. «Es ist zu schön, um wahr zu sein. Lassen Sie uns das gleich in die Tat umsetzen. Wann könnten wir anfangen?»

«Warum nicht jetzt? Ihr Informationsproblem haben Sie doch auch jetzt.»

«In Ordnung!» sagte Scott. «Ich werde gleich den Leiter unserer Datenverarbeitung mit dieser Sache beauftragen.»

«Ich verstehe, warum Sie das tun wollen», sagte der Info-Mann. «Aber das geht nicht. Sie können von Ihrer Computer-Abteilung nicht verlangen, eine Management-Aufgabe zu übernehmen. An diesem Projekt müssen Ihre Manager in eigener Sache teilnehmen, und Sie selber müssen sich ebenfalls daran beteiligen.»

Scott war sprachlos. Der Info-Mann trat mit ungewöhnlicher Bestimmtheit auf.

«Ich kann es mir zeitlich nicht erlauben, mich persönlich darum zu kümmern», sagte er. «Die X-Corp hat noch mehr gravierende Probleme zu bewältigen, nicht nur die Informationsflut.»

Der Info-Mann lächelte. «Ich möchte Ihnen zu bedenken geben, daß Ihre anderen Probleme ebenfalls mit der Weitergabe und Verarbeitung von Informationen zu tun haben.

Denn erstens wären Ihre Probleme wahrscheinlich nie so drängend geworden, wenn die richtigen Leute im richtigen Moment die richtigen Informationen zur Hand gehabt hätten. Zweitens brauchen Sie jetzt, wo Sie Ihre Hauptschwierigkeiten bewältigen wollen, GUTE Informationen, um nachprüfen zu können, ob Ihre Lösungen greifen.

Ich möchte das gern an einem Beispiel klarmachen», fuhr der Info-Mann fort. «Angenommen, Sie hätten vor, die Verwendung von Firmen-Kreditkarten drastisch einzuschränken, und würden einem Ihrer Mitarbeiter die Aufgabe zuweisen, diesen Plan in die Tat umzusetzen.

Jedesmal», sprach der Info-Mann weiter, «wenn Sie Ihren Mitarbeiter – ich könnte ebensogut sagen: Ihre Mitarbeiterin – fragen, wie die Sache vorankommt, bitten Sie ihn – oder sie – um Informationen. Vielleicht läßt Ihr Mitarbeiter Sie in dem Glauben, er habe dieses Projekt bereits gestartet, obwohl er in Wirklichkeit noch nichts getan hat und abwartet, bis Sie ihn wieder fragen. Er weiß, daß die Aktion noch nicht angelaufen ist; Sie wissen das nicht. Da nur der Mitarbeiter über diese Information verfügt, kann er die Sache auf die lange Bank schieben.»

Der Info-Mann hätte kein treffenderes Beispiel wählen können. Scott hatte eben eine Aktion gestartet, um den Gebrauch von Firmenkreditkarten zu drosseln, und war erpicht darauf, diese Aktion erfolgreich abzuschließen.

Er saß ein paar Minuten ruhig da und überdachte die Worte des Info-Mannes. Dann wandte er sich seinem Besucher wieder zu, nickte zum Zeichen, daß er mit seinem Vorschlag einverstanden war, und erklärte sich bereit, das Projekt persönlich zu leiten. Als Starttermin wurde der kommende Montag festgesetzt.

AM MONTAG ERSCHIEN der Info-Mann pünktlich zum verabredeten Termin. «Ich kann es kaum erwarten, mehr über das System der drei à Eine-Seite-Memos zu erfahren, das unser Informationsproblem lösen wird», sagte Scott bei der Begrüßung, und die beiden Männer nahmen Platz. «Ihr Informationsproblem wird überwunden, weil Ihre leitenden Angestellten endlich die Schlüsselinformationen bekommen, die sie brauchen», begann der Info-Mann.

«Aber woher weiß denn das Sortiersystem, welche Informationen unsere Mitarbeiter brauchen und welche nicht so wichtig sind?» fragte Scott.

«Die Manager geben genau an, welche Daten sie brauchen, um ihre Aufgaben erfolgreich ausführen zu können», erklärte der Info-Mann. «Sie sind auf Informationen angewiesen, wenn sie ihre Arbeit erfolgreich erledigen wollen. Wir müssen deshalb als erstes klären, was jeder einzelne von ihnen unter erfolgreicher Arbeit versteht und welche Rolle der interne Informationsfluß dabei spielt. Beginnen wir diese Klärung mit ein paar allgemeinen Definitionen, bevor wir dann anschließend zu den spezifischen Anwendungsbereichen übergehen.»

Mit diesen Worten reichte der Info-Mann Scott ein Blatt Papier, auf dem stand:

Der Weg zum Erfolg
ist mit
GUTEN
INFORMATIONEN
gepflastert

Scott lachte. «Das glaube ich gern, aber könnten Sie mir Ihre These vielleicht ein bißchen genauer erklären?»

«Aber ja», antwortete der Info-Mann. «Erfolg bedeutet offensichtlich für jeden etwas anderes. Verschiedene Menschen streben nach verschiedenen Zielen. Manche verstehen unter Erfolg, eine Menge Geld zu verdienen. Anderen kommt es vor allem darauf an, eine künstlerische Leistung zu vollbringen. Jeder Mensch hat eine ganz persönliche Vorstellung von dem, was er oder sie als Erfolg definiert.» Der Info-Mann hielt kurz inne, und dann fragte er Scott: «Was bedeutet Erfolg für Sie?»

«Die X-Corp zu sanieren», sagte Scott wie aus der Pistole geschossen.

«Wunderbar», sagte der Info-Mann. «Sie haben soeben einen für Sie persönlich wichtigen Erfolgsbereich definiert, und ich bin sicher, daß Sie Ihr Ziel erreichen werden.» Dann holte er einen Zettel aus der Tasche und schrieb darauf:

ERFOLGSDEFINITION FÜR BRIAN SCOTT

ERFOLGSBEREICH: X-Corp sanieren

Nachdem er diese erste Definition niedergeschrieben hatte, fuhr der Info-Mann fort: «Merkwürdigerweise übersehen die meisten, wie entscheidend es ist, überhaupt erkennen zu können, daß man Erfolg hat und an seinem Ziel angekommen ist.

Angenommen, in einem Jahr *wäre* die X-Corp saniert», fuhr der Info-Mann fort. «Woran würden Sie erkennen, daß es soweit ist? Nach welchen Anzeichen würden Sie Ausschau halten, um zu wissen, daß Sie Ihren Auftrag erfolgreich beendet haben?»

«Nun, dafür kämen mehrere Faktoren in Frage», antwortete Scott.

«Schreiben wir sie auf!» schlug der Info-Mann vor. «Welches sind Ihre Erfolgsfaktoren?»

«Ich würde nach dem Absatz fragen, um zu sehen, ob wir in der Gewinnzone liegen. Das wäre schon einmal ein Indiz. Wenn es uns gelänge, laufend mehr zu verkaufen als unsere Mitbewerber und unseren Marktanteil zu vergrößern, wäre das ebenfalls ein gutes Zeichen. Könnten wir unsere Schulden aus Erträgen statt aus der Kapitalmasse begleichen und damit unseren Verschuldungsgrad senken, würde ich auch das als einen Erfolg werten. Aber selbstverständlich bedeutet Erfolg aus meiner Sicht noch vieles mehr, zum Beispiel, daß die X-Corp über eine einsatzfreudige, produktive und harmonische Mitarbeiterschaft verfügt.»

«Ich möchte diese Punkte gern festhalten», unterbrach ihn der Info-Mann. «Wie ich sehe, haben Sie mit der X-Corp Großes vor. Zur Veranschaulichung der Konzepte, um die es hier geht, möchte ich jedoch einfach auf die ersten drei Punkte eingehen, die Sie zuerst erwähnten.»

Der Info-Mann nahm das Blatt Papier und schrieb die Erfolgsanzeichen auf, die Scott genannt hatte. Er bezeichnete sie als ERFOLGSFAKTOREN.

ERFOLGSDEFINITION FÜR BRIAN SCOTT
ERFOLGSBEREICH: X-Corp sanieren

Erfolgsfaktoren
Gewinn pro Aktie
Marktanteil
Verschuldungsgrad

Der Info-Mann zeigte Scott die Liste der Erfolgsfaktoren und sagte: «Nachdem Sie Ihre Erfolgsfaktoren festgelegt haben, geht es im nächsten Schritt darum, welche Ziele Sie in jedem dieser Bereiche anstreben. Zum Beispiel: Wie hoch muß die Gewinnrate steigen, damit Sie wissen, Sie haben gute Arbeit geleistet?»

«Der Aufsichtsrat hat mir mitgeteilt», antwortete Scott, «daß die Aktionäre mit einer Dividende von 2 Dollar pro Aktie und einem Verschuldungsgrad von 0,5 zufrieden wären. Und was den Marktanteil betrifft, so können wir von unseren Kapazitäten her bei unseren wichtigsten Produkten 20 Prozent der am Markt vorhandenen Nachfrage befriedigen.»

Der Info-Mann schrieb die von Scott genannten Ziele sorgfältig neben die Erfolgsfaktoren, so daß sich folgendes Bild ergab:

ERFOLGSDEFINITION FÜR BRIAN SCOTT
ERFOLGSBEREICH: X-Corp sanieren

Erfolgsfaktoren	Ziele
Gewinn pro Aktie	$2.00
Marktanteil	20%
Verschuldungsgrad	0,5

Scott sah sich die Aufstellung des Info-Mannes an und sagte: «Auf dieser Liste fehlen noch viele Erfolgsfaktoren. Ich würde sie gern vervollständigen.»

Der Info-Mann merkte erfreut, wie interessiert Scott war und mit welcher Gründlichkeit er zu Werke ging. «Wenn Sie noch alles Fehlende in diese Liste eintragen, werden Sie am Ende sehr viele, vielleicht sogar zu viele Erfolgsfaktoren haben», sagte er warnend. «Bitte denken Sie immer daran, nur die entscheidenden Erfolgsfaktoren auszuwählen. Wir wollen sie die KRITISCHEN ERFOLGSFAKTOREN nennen.»

Die Frage des Info-Mannes: «Woran erkennen Sie, daß Sie Erfolg haben?» ließ Scott nicht mehr los. Er dachte noch eine Weile darüber nach, was bei seiner Tätigkeit in der X-Corp die *entscheidenden* Erfolgskriterien waren, die noch auf die Faktorenliste gehörten.

Als Scott aufsah, lächelte der Info-Mann ihm zu und sagte: «Sie haben jetzt Ihre Kritischen Erfolgsfaktoren bestimmt. Nun kommt es als nächstes darauf an, diese Faktoren mit den richtigen Informationen in Beziehung zu setzen. Dazu möchte ich Ihnen vorweg einen Spruch zeigen, den ich in meinem Büro an der Wand hängen habe»:

**Achte genau
auf jeden deiner Fortschritte –
dann kommst du voran
auf dem Weg zum Erfolg**

«Sie behalten Ihre Fortschritte im Auge», fuhr der Info-Mann fort, «indem Sie GUTE INFORMATIONEN heranziehen. Unter Guten Informationen verstehe ich Informationen, die erstens richtig und zweitens wichtig sind. Wenn Sie sich beispielsweise vorgenommen haben, den Gewinn pro Aktie zu erhöhen, dann wäre die Information, daß der Gewinn der X-Corp im letzten Quartal zehn Cents pro Aktie betrug, eine Gute Information. Daß die Firma Ihres Bruders zur gleichen Zeit einen Dollar Gewinn pro Aktie gemacht hat, tut nichts zur Sache. Die Guten Informationen über Ihren kritischen Erfolgsfaktor nennen wir Ihren IST-ZUSTAND.»

«Was Sie diesen vielen Berichten hier unbedingt entnehmen müssen», sagte der Info-Mann mit einem kurzen Blick über die ringsum aufgebauten Aktenstapel, «sind eben diese Guten Informationen. Also die Angaben über Ihren Ist-Zustand hinsichtlich des Gewinns pro Aktie, des Marktanteils und des Verschuldungsgrads.»

«Ich glaube, ich verstehe allmählich, worauf Sie hinauswollen», sagte Scott. Er nahm das Blatt, auf dem der Info-Mann die Erfolgsfaktoren notiert hatte, und sagte lebhaft: «Mal sehen, ob ich meinen Ist-Zustand beziehungsweise meine Guten Informationen aus diesen Informationsmassen hier herausziehen kann.» Er ging zu seinem Konferenztisch, suchte verschiedene Berichte heraus und setzte sich damit an seinen Schreibtisch. Nach einigem Suchen hatte er die gewünschten Angaben gefunden und trug sie unter der Rubrik «Ist-Zustand» in die Liste des Info-Mannes ein. Die Tabelle sah nun so aus:

ERFOLGSDEFINITION FÜR BRIAN SCOTT

ERFOLGSBEREICH: X-Corp sanieren

Kritischer Erfolgsfaktor	Ist-Zustand	Ziel
Gewinn pro Aktie	negativ	$2.00
Marktanteil	10%	20%
Verschuldungsgrad	0,9	0,5

Nachdem der Info-Mann die Aufstellung studiert hatte, sagte er: «Mit dem Ist-Zustand der X-Corp ist es im Augenblick nicht weit her, was ja auch der Grund ist, warum man Sie auf diesen Posten geholt hat.

Aber sehen Sie mal, was mit unserer Tabelle geschehen ist: Durch die Zahlen, die Sie eben eingetragen haben, können wir nun beide sofort erkennen, wo Sie bezüglich des Soll-Zustandes, also Ihrer Ziele, im Augenblick stehen. Wir haben dadurch genaue Informationen gewonnen.»

Inzwischen war es Mittag geworden, und Scott und der Info-Mann beschlossen, eine Pause einzulegen. Sie gingen gemeinsam in Scotts Lieblingsrestaurant um die Ecke. Während sie aßen, fiel dem Info-Mann auf, daß Scott in nachdenklicher Stimmung war.

«Sagen Sie mir, was Sie beschäftigt», bat er Scott.

«Was wir heute morgen besprochen haben, leuchtet mir alles ein», antwortete Scott. «Und mir ist auch klar, wie man als einzelner seine Kritischen Erfolgsfaktoren bestimmt. Aber was mir überhaupt nicht in Ihr System hineinzupassen scheint, sind Gruppen.»

«Gruppen?» fragte der Info-Mann. «Was ist das Problem mit Gruppen?»

«Ich habe das Gefühl, daß das Festlegen von Erfolgsfaktoren sofort wesentlich komplizierter wird, wenn es um Gruppen von Menschen geht, und wir bewegen uns doch fast alle ständig in Gruppen. Nehmen wir nur mal eine Familie. Sagen wir, mein Sohn Mark würde sich vornehmen, bester Sportler seiner Schule zu werden. Das wäre also sein Erfolgsbereich, in dem er verschiedene Erfolgsfaktoren bestimmt und – so wie Sie es erklärt haben – prüft, ob er seinem Ziel näher kommt.»

«Ich als Marks Vater bin aber von seinen Prioritäten gar nicht so begeistert, wenn ich sehe, daß mein Sohn sich nur noch um den Sport kümmert und in der Schule absackt.

Mir erscheint es viel wichtiger, daß er einen ordentlichen Notendurchschnitt erreicht, damit er nach der Schule gleich das Studium im Fach seiner Wahl beginnen kann. Wo bleibe ich in dieser Situation mit meinen Wünschen?»

Scott führte gleich noch ein zweites Beispiel an. «Im Beruf haben wir doch auch immer mit anderen Menschen zu tun. Da müssen doch die Erfolgsfaktoren, die wir für uns persönlich definieren, mit denen unserer Kollegen und mit den Gesamtzielen des Unternehmens zusammenpassen, sonst gibt es ein heilloses Durcheinander. Wird die Sache mit den Erfolgsfaktoren dann nicht ungeheuer verwickelt?»

Der Info-Mann nickte. «Was Sie sagen, ist völlig richtig. Ich verstehe Ihre Bedenken. Aber, wie Sie sich denken können, habe ich mir dazu ein paar Gedanken gemacht.» Er lächelte freundlich. «Für Gruppensituationen, wie Sie sie eben umrissen haben, empfehle ich VIER SCHLAUE SCHRITTE, damit die Erfolgsdefinitionen der einzelnen Beteiligten einander nicht ins Gehege kommen. Ich erkläre sie Ihnen gern, jetzt gleich oder nachher in Ihrem Büro.»

«Sprechen wir nachher darüber», sagte Scott. «Genießen wir jetzt erst einmal unser Essen.»

Am Nachmittag begann der Info-Mann, Scott die Vier Schlauen Schritte zu erklären, die dafür sorgen, daß der Erfolg des einzelnen zugleich dem Erfolg der Gruppe dient.

«Sie werden gleich sehen», sagte der Info-Mann, «wie diese vier Schritte genau auf dem aufbauen, was wir heute morgen über die Erfolgsfaktoren gesagt haben.» Und er reichte Scott ein Papier, auf dem stand:

DIE VIER SCHLAUEN SCHRITTE
ZUR FESTLEGUNG
DER KRITISCHEN ERFOLGSFAKTOREN

1. Schritt
ERKENNEN SIE IHRE WICHTIGEN BEZIEHUNGEN

2. Schritt
BESTIMMEN SIE IHRE EIGENEN ERFOLGSBEREICHE VON VERSCHIEDENEN STANDPUNKTEN HER

3. Schritt
LEGEN SIE FÜR JEDEN ERFOLGSBEREICH IHRE KRITISCHEN ERFOLGSFAKTOREN FEST

4. Schritt
KLÄREN SIE, WO SIE SICH ÜBER DEN IST-ZUSTAND DER VERSCHIEDENEN KRITISCHEN ERFOLGSFAKTOREN INFORMIEREN KÖNNEN

NACHDEM SCOTT die Tabelle gelesen hatte, begann der Info-Mann, die vier genannten Schritte genauer zu erläutern. «Der erste Schritt besteht darin, sich klarzumachen, wer die Partner sind, zu denen Sie an Ihrer Arbeitstelle wichtige BEZIEHUNGEN unterhalten. Bei leitenden Angestellten sind das gewöhnlich der Arbeitgeber, der Chef, die Menschen, die Güter und Dienstleistungen liefern, und diejenigen, die die Ergebnisse ihrer Arbeit bekommen. Alle, die die Ergebnisse der Tätigkeit eines Managers, also einer Person in Leitungsfunktionen, erhalten und benutzen, können wir auch EMPFÄNGER nennen.

Von seinem Arbeitgeber bezieht der (oder die) Leitende das Gehalt, der Chef führt ihn, die Lieferanten liefern die Materialien, mit denen gearbeitet wird, und die Empfänger bekommen die Früchte seiner Arbeit. Allerdings sind Arbeitgeber, Chef und Empfänger in manchen Fällen ein und dieselbe Person.»

«Ich bin hier der Chef des Ganzen. Welches sind dann meine Empfänger?» wollte Scott wissen.

«Okay», sagte der Info-Mann. «Sehen wir uns einmal alle Leistungen an, die Sie in Ihrem Job erbringen. Sie leiten die X-Corp. Die Arbeitsergebnisse des Unternehmens sind seine Produkte. Der Kunde ist Ihr Empfänger. Als Geschäftsführer erarbeiten Sie außerdem Pläne, geben Anweisungen, schreiben Memoranden und Briefe. Alle diejenigen, mit denen Sie in Ihrer Funktion als Geschäftsführer zu tun haben, sind auch Ihre Empfänger.»

«Eine Menge Leute», sagte Scott.

«Sicher. Aber sie passen genau in die drei Kategorien ‹Kunden›, ‹direkte Untergebene› und ‹andere Mitarbeiter›.»

«Wozu ist es gut, diese Beziehungen zu unterscheiden?» fragte Scott.

«Weil leitende Leute in ihrer Arbeitssituation allen diesen Beziehungen Rechnung tragen müssen. Sie müssen sich darüber genau im klaren sein, welche dieser Gruppen sie zufriedenstellen und welche nicht. Sie müssen genau wissen, warum sie auf die Wünsche der einen Gruppe Rücksicht nehmen und auf die der anderen nicht. Arbeitgeber, Chef, Lieferanten, Empfänger haben oft unterschiedliche Erwartungen. Der Chef ist daran interessiert, daß der Auftrag schnell erledigt wird, die Empfänger dagegen wollen Qualität und pünktliche Lieferung. Und der Arbeitgeber verlangt, daß der Manager die Kosten niedrig hält und den Absatz erhöht und damit seine Bezüge rechtfertigt.»

Scott nickte. Diese Antwort des Info-Mannes hatte ihn überzeugt. «Bisher war es nicht schwer», sagte er. «Welches ist nun der nächste Schritt?»

Darauf antwortete der Info-Mann: «Der zweite Schritt besteht in der Festlegung der ERFOLGSBEREICHE. Der Manager definiert seinen eigenen Erfolgsbereich und klärt die unterschiedlichen Erfolgsbereiche seiner Empfänger, Lieferanten, Arbeitgeber und Chefs. Nur in den seltensten Fällen haben alle diese Gruppen dieselben Erfolgsbereiche. Der Manager muß deshalb meist mehrere Erfolgsbereiche abstecken, zum Beispiel ‹pünktlichere Lieferung›, ‹Qualität›, ‹Kostenreduzierung›.»

Weiter sagte der Info-Mann: «Der dritte Schritt besteht darin, ERFOLGSFAKTOREN für jeden Erfolgsbereich zu benennen. Dazu gehört die Frage: ‹Woran erkenne ich, daß ich mein Ziel erreicht habe?› Von dieser Frage her legt der Manager eine Reihe präziser Indikatoren für jeden Erfolgsbereich fest. ‹Produkte erster Qualität in Prozent›, ‹eingehaltene Liefertermine in Prozent›, ‹Umsatzzuwachs in Prozent› sind einige Beispiele. Gemeinsam mit seinem Vorgesetzten wählt der Manager die wichtigsten Erfolgsfaktoren so aus, daß er allen seinen Arbeitsbeziehungen gerecht wird. Das Ergebnis ist eine Liste von Erfolgsfaktoren, bezogen auf die verschiedenen Gruppen, mit denen der Manager zu tun hat.»

Die Worte des Info-Mannes machten tiefen Eindruck auf Scott. Er würde auch alle seine Mitarbeiter diese Schritte bestimmen lassen, damit sie sich auf die Punkte konzentrierten, die ihm am meisten am Herzen lagen. Im Augenblick waren das die Zufriedenheit der Kunden und die Senkung der Kosten.

«Und jetzt erzählen Sie mir bitte mehr über den vierten Schlauen Schritt», forderte er den Info-Mann auf.

«Der vierte Schritt ist einfach, erfordert aber, wenn man ihn das erste Mal ausführt, sehr viel Zeit. Der Manager muß nämlich sämtliche vorhandenen Informationsquellen studieren, um herauszubekommen, wo er genaue Daten zum IST-ZUSTAND der eben definierten Kritischen Erfolgsfaktoren finden kann. Dazu sollte der Manager alle verfügbaren Berichte sammeln, einschließlich der von ihm selbst verfaßten.

Der Manager sollte vor allem nach Unterlagen aus dem Empfängerbereich Ausschau halten, in denen auf seine Arbeit und die seiner Firma eingegangen wird. Er sollte alle verfügbaren Unterlagen gründlich prüfen, um zu erkennen, wo er Gute Informationen für seine eigene Tätigkeit bekommt. Gibt es zu einem der Kritischen Erfolgsfaktoren keinerlei Angaben, dann sollte der Manager abschätzen, *wie* wertvoll Informationen zu dem betreffenden Gebiet für ihn sind. Erscheint es ihm lohnend, kann er selbst einen entsprechenden Bericht in Auftrag geben.»

Der Info-Mann sah auf die Uhr. Es war Zeit, zum Schluß zu kommen. «Wir haben heute die Vier Schlauen Schritte besprochen, die Ihnen und Ihren Abteilungsleitern helfen, zu den wesentlichen Informationen vorzudringen, die Sie brauchen, um in Ihrer Tätigkeit erfolgreich zu sein», sagte er zusammenfassend. «Um diese Art von Informationen geht es auch in den Nur-Eine-Seite-Memos. Haben Sie nächsten Donnerstag Zeit? Dann zeige ich Ihnen ein Muster des ersten oder SCHWERPUNKT-MEMOS.»

Scott war mit diesem Termin einverstanden. Der Info-Mann verabschiedete sich von ihm mit der Aufforderung: «Wenn Sie wollen, sehen Sie doch noch einmal in Ruhe die Liste Ihrer Kritischen Erfolgsfaktoren durch!»

Zweiter Teil:
Das Nur-Eine-Seite-Management

DONNERSTAG MORGEN. Joanne Evans meldete Scott die Ankunft des Info-Mannes. Ebenso energiegeladen und enthusiastisch wie beim ersten Zusammentreffen, trat der Info-Mann in Scotts Büro. Er begrüßte Scott herzlich und sagte dann:

«Ich habe Ihnen bisher in rosigen Farben geschildert, was man durch das Nur-Eine-Seite-Management erreichen kann. Diesen Versprechen sollen heute Taten folgen!

Zunächst möchte ich kurz zusammenfassen, was ich Ihnen in Aussicht gestellt habe. Halten wir fest: Als wir uns kennenlernten, fühlten Sie sich von einer Informationslawine überrollt.»

«Das stimmt», sagte Scott. «Und leider ist es immer noch so.»

«Ich wies Sie auf ein Sortiersystem hin, das Ihnen ermöglicht, aus dem Meer von Informationen nur das zu entnehmen, was Sie für Ihre Tätigkeit brauchen, und den Rest unbeachtet zu lassen. Ich kündigte an, daß dieses Auswahlverfahren Ihnen und Ihren leitenden Herren und Damen drei Memos von je einer Seite an die Hand gibt, in denen alle Informationen enthalten sind, die Sie brauchen.» Scott nickte.

Der Info-Mann fuhr fort: «Heute möchte ich mit Ihnen über die Einzelheiten dieser drei Nur-Eine-Seite-Memos sprechen. Fangen wir doch gleich mit dem ersten, dem sogenannten SCHWERPUNKT-MEMO, an.»

«Endlich!» rief Scott. «Darauf habe ich schon die ganze Zeit gewartet.»

Der Info-Mann schmunzelte und holte einen Notizblock aus seinem Aktenkoffer. «Als erstes gehen wir die Kritischen Erfolgsfaktoren noch einmal durch, die wir das letzte Mal besprochen haben. Sie werden gleich sehen, wie sie mit dem ersten Nur-Eine-Seite-Memo zusammenhängen.»

Seit dem letzten Gespräch mit dem Info-Mann hatte Scott sich noch mehrere Kritische Erfolgsfaktoren notiert. Er berichtete dem Info-Mann, wie er mit Hilfe der Vier Schlauen Schritte «Produktion», «Verkauf», «Vertrieb» und «Finanzen» seine Erfolgsbereiche ermittelt hatte. Dann zeigte er dem Info-Mann die Liste der Kritischen Erfolgsfaktoren, die er für diese Erfolgsbereiche bestimmt hatte.

Der Info-Mann nahm seinen Block und brachte alle Punkte, die Scott genannt hatte, in ein klares System. Dabei entstand folgendes Bild:

MANAGEMENT-ERFOLGSDEFINITION FÜR BRIAN SCOTT

1. Erfolgsbereich – Verkauf

Kritische Erfolgsfaktoren	Ist-Zustand	Ziel
Marktanteil	10%	20%
Durchführung eines neuen Verkaufsprogramms – Phase 1	Planung	1. April

2. Erfolgsbereich – Produktion

Kritische Erfolgsfaktoren	Ist-Zustand	Ziel
Erste Qualität	92%	98%
Feststellung unrentabler Produktlinien	Planung	1. März

3. Erfolgsbereich – Vertrieb

Kritische Erfolgsfaktoren	Ist-Zustand	Ziel
Umschlag der Lagerbestände pro Monat	3	8
Liquidation toten Inventars	Planung	1. März

4. Erfolgsbereich – Finanzen

Kritische Erfolgsfaktoren	Ist-Zustand	Ziel
Gewinn pro Aktie	negativ	$ 2.00
Verschuldungsgrad	0,9	0,5
Verkleinerung der Belegschaft	Planung	1. März

«AUS DIESER AUFSTELLUNG ersehen Sie den Ist-Zustand Ihrer Erfolgsfaktoren und können jederzeit prüfen, wie weit Sie noch von Ihren Zielen entfernt sind», sagte der Info-Mann. «Leider sieht es damit im Augenblick noch nicht so gut aus.»

«Ich weiß», bestätigte Scott kleinlaut.

«Lassen Sie sich nicht entmutigen!» sagte der Info-Mann. «Schließlich haben Sie sich auch höchst ehrgeizige Ziele gesetzt. Doch nun zum Detail. Sie haben für jeden Ihrer Kritischen Erfolgsfaktoren nur ein einziges Ziel genannt. Wir brauchen aber jeweils drei Soll-Werte.»

«Warum drei?» fragte Scott verblüfft.

«Das erste Ziel legt die unterste Grenze der Leistung fest. Das zweite ist der befriedigende und das dritte der hervorragende Soll-Wert. Ich will Ihnen das gleich genauer erklären:

Das MINIMALZIEL gibt die Grenze zwischen einer befriedigenden und einer inakzeptablen Leistung an. Es ist wesentlich, daß man weiß, von welchem Punkt an die eigene Leistung unannehmbar ist.»

«Aber genügt dafür nicht ein einheitlicher Wert?» fragte Scott.

«Nicht ganz», antwortete der Info-Mann. «Wenn Sie nur mit einem einzigen Wert arbeiten, bezeichnet der im allgemeinen das oberste Ziel, das Sie mit einem Kritischen Erfolgsfaktor erreichen wollen, und nicht das blanke Minimum.

Wenn Sie mir einen Kritischen Erfolgsfaktor nennen aus der Zeit, als Sie ein kleineres Werk geleitet haben, will ich Ihnen den Unterschied gern erläutern.»

Scott dachte einen Augenblick nach und sagte dann: «Ein wichtiges Ziel war die Auslastung unserer Maschinen.»

«Gut», sagte der Info-Mann. «Und wie hoch lag Ihr einheitlicher Soll-Wert?»

«Wir wollten natürlich eine maximale Leistung», sagte Scott voller Stolz. «98 Prozent.»

«Und was war der Ist-Zustand, als Sie Ihren damaligen Posten verließen?»

Nach einigem Überlegen bekannte Scott: «Wir hatten immerhin einen Durchschnitt von 89 Prozent.»

«Waren 89Prozent eine akzeptable Leistung?»

«Ja. Jede Auslastung über 85 Prozent galt als noch gut, aber wir wollten ja eigentlich 98 Prozent erreichen.»

«Das ist genau der Punkt», sagte der Info-Mann. «Ich würde in diesem Fall 85 Prozent Maschinenauslastung als Minimalwert betrachten, also als den untersten von drei Zielwerten.»

«Wie hoch würden Sie dann die beiden anderen Zielwerte ansetzen?»

Der Info-Mann antwortete: «Bevor ich Ihre Frage beantworte, sagen Sie mir bitte erst noch, wie oft Sie Ihren Zielwert erreicht haben.»

«Wir haben ihn nie erreicht, waren aber öfter dicht dran», erwiderte Scott.

«Wie fanden Sie es, Ihr Ziel nie zu erreichen?»

«Enttäuschend», antwortete Scott. «Aber wir hielten diese Rate trotzdem für erreichbar, wenn nur alles glattlief und wenn nur unsere Wartungsabteilung auf Draht war.»

Der Info-Mann deutete auf Scotts Schreibtisch und sagte: «Wenn ich mir vornehme, von meinem Platz hier zu Ihrem Schreibtisch zu gehen, darf ich mich nicht entmutigen lassen, weil mich nicht schon der erste Schritt ans Ziel bringt. In einem Büro wie Ihrem brauche ich dazu mehr als nur einen einzigen Schritt. Ich muß mir darüber klar sein, daß ich mehrere Schritte gehen muß. Das ist völlig in Ordnung.

Das zweite Ziel – ich nennen es das BEFRIEDIGENDE ZIELNIVEAU – ist der nächste erreichbare Schritt, der mir zeigt, daß ich mich meinem endgültigen Ziel nähere. In Ihrem Beispiel von eben hätte das vielleicht eine 92prozentige Auslastung der Maschinen bedeutet.»

«In meinem letzten Jahr dort erreichten wir das ein paarmal», sagte Scott.

«Großartig. Und waren Sie stolz darauf?»

«Das können Sie sich vorstellen!» sagte Scott.

Der Info-Mann fuhr mit der Erläuterung der Zielebenen fort und sagte: «Der dritte Wert ist dann das HERVORRAGENDE ZIELNIVEAU. Es markiert eine erreichbare, aber anspruchsvolle Leistung, die meist erst nach einiger Zeit erbracht wird. In Ihrem Falle hätte eine Maschinenauslastung von 98 Prozent dem HERVORRAGENDEN ZIELNIVEAU entsprochen. Hervorragende Leistungen erreicht man gewöhnlich nur durch eine Reihe Befriedigender Schritte.

Schwierige Ziele» fuhr der Info-Mann fort, «erreicht man, indem man sich Schritt für Schritt an sie heranarbeitet. Aus diesem Grund empfehle ich diese drei abgestuften Zielvorgaben.»

Dann begann er, das Thema «Zielsetzung» noch einmal kurz zusammenzufassen. «Das Hervorragende Zielniveau bezeichnet das höchste erreichbare Ziel. Das Ziel, das Sie in einem einzigen Schritt direkt erreichen, entspricht dem Befriedigenden Zielniveau. Auf diese Leistung können Sie stolz sein. Haben Sie jedoch das Gefühl, das war ja nur ein Klacks, dann war keine wirkliche Herausforderung damit verbunden. Die Minimalebene bezeichnet die gerade noch vertretbare Leistung. Fällt Ihre Leistung unter diese Grenze, dann wissen Sie, daß es so nicht weitergehen kann.»

Nun wies der Info-Mann auf die Grafik, die Scotts Kritische Erfolgsfaktoren zeigte, und sagte: «Je nach den verschiedenen Projekten werden die drei Zielebenen in unterschiedlicher Weise gehandhabt. Nehmen wir mal die Durchführung des neuen Verkaufsprogramms. Wie ich sehe, ist der 1. April Ihr Zieldatum. Das entspricht also Ihrem Hervorragenden Zielniveau. Was wäre denn ein weniger anspruchsvoller, aber immer noch anspornender Termin für dieses Projekt?»

Scott überlegte eine Weile, dann sagte er: «Der 15. Mai wäre wohl auch noch zufriedenstellend, obwohl ich dieses Projekt lieber am 1. April schon abschließen würde.»

«In diesem Fall wäre der 15. Mai die Befriedigende Zielebene», erklärte der Info-Mann und fuhr fort: «Was betrachten Sie als den spätesten Termin, bis zu dem das Projekt abgeschlossen sein sollte?»

«Wenn die erste Phase des neuen Verkaufsprogramms bis zum 30. Mai nicht unter Dach und Fach ist, haben wir keine Zeit mehr, um uns auf die im Sommer stattfindende Verkaufskampagne vorzubereiten», antwortete Scott.

«Die Minimalebene für Ihr Verkaufsprogramm wäre also der 30. Mai», erklärte der Info-Mann.

Zusammen mit Scott legte der Info-Mann nun die drei Zielebenen für alle in der Grafik enthaltenen Kritischen Erfolgsfaktoren fest und schrieb sie in die entsprechende Spalte. Dann reichte er Scott den ersten Entwurf eines maßgeschneiderten Schwerpunkt-Memos. Scott las:

DAS ERSTE NUR-EINE-SEITE-MEMO FÜR BRIAN SCOTT

für die Woche bis zum 20. Januar

Kritische Erfolgsfaktoren	Ist-Zustand	Minimalebene	Befriedigendes Zielniveau	Hervorragendes Zielniveau
1. Erfolgsbereich – Verkauf				
Marktanteil	10%	12%	15%	20%
Durchführung neues Verkaufsprogramm – 1. Phase	Planung	30. Mai	15. Mai	1. April
2. Erfolgsbereich – Produktion				
Erste Qualität	92%	90%	95%	98%
Unrentable Linien feststellen	Planung	15. Mai	1. Mai	1. März
3. Erfolgsbereich – Vertrieb				
Lagerbestands-Umschlag pro Monat	3	2	5	8
Liquidation totes Inventar	Planung	1. Mai	1. April	1. März
4. Erfolgsbereich – Finanzen				
Gewinn/Aktie	negativ	$ 0,5	$ 1,0	$ 2,0
Verschuldungsgrad	0,9	0,7	0,6	0,5
Verkleinerung der Belegschaft	Planung	1. Mai	30. März	1. März

Scott betrachtete die Grafik mit unverhohlenem Vergnügen. «Das Konzept der drei Zielebenen erscheint mir schon so selbstverständlich, daß ich mir kaum noch vorstellen kann, wie ich je ohne es ausgekommen bin!» kommentierte er begeistert. Dazu fiel ihm sogar eine Regel ein:

EIN KLARES ZIEL IST ALLER LEISTUNG ANFANG,

die er sich aufschrieb, um sie auch seinen Mitarbeitern mitzuteilen. «Die Festlegung von genauen Zielen ist eine wesentliche Voraussetzung dafür, daß die X-Corp wieder auf die Beine kommt», sagte er. «Wir werden Ihr System der Zielfestlegung übernehmen.»

«Ich freue mich, daß Sie das Konzept der drei Zielebenen überzeugend finden», antwortete der Info-Mann. «Ich bin gespannt, wie Sie es in die Praxis umsetzen werden.»

Als nächstes machte der Info-Mann Scott mit einer weiteren Dimension des Schwerpunkt-Memos bekannt. «Ich schlage Ihnen vor, daß wir uns nun den TRENDS zuwenden, die sich in den Daten abzeichnen», sagte er.

Scotts Neugier wuchs. Er hatte schon lange mit Trend-Analysen gearbeitet, um die Ergebnisse der zurückliegenden Jahre zu interpretieren. Nun war er begierig zu hören, was der Info-Mann zu diesem Thema zu sagen hatte.

Der Info-Mann entnahm seinem Aktenkoffer eine Grafik, auf der die Fluktuation eines typischen Erfolgsfaktors eines Vorarbeiters in einem Produktionswerk abgebildet war.

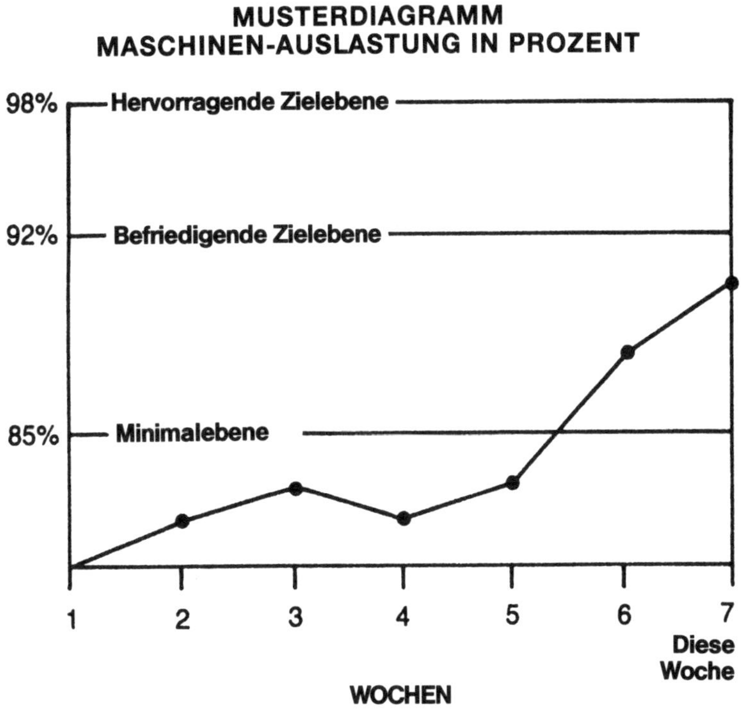

«Stellen wir uns vor, dieses Diagramm beziehe sich auf einen Ihrer Mitarbeiter, den wir Turner nennen wollen. Was sagt Ihnen die Kurve?»

«Als erstes sagt sie mir, daß Turners Leistung erst seit zwei Wochen akzeptabel ist», antwortete Scott.

«Welche weiteren Informationen vermittelt Ihnen das Schaubild?»

Es zeigt mir, daß Turner auf dem richtigen Weg ist. Er bewegt sich in Richtung auf seine Ziele, obwohl er das Befriedigende Zielniveau bisher noch nicht erreicht hat.»

«Genau», antwortete der Info-Mann. «Das ist eine höchst aufschlußreiche Information. Auf den Weg zum Erfolg muß man wissen, ob man in die richtige Richtung fährt. Eine Grafik macht das unmittelbar deutlich.

Wir können diese Information in das Schwerpunkt-Memo übertragen. Dazu schreiben wir ein P für einen positiven Trend oder eine Verbesserung der Leistung, ein N für einen negativen Trend oder eine Verschlechterung der Leistung. Jeder Kritische Erfolgsfaktor wird auf diese Weise in einer ‹Trend›-Kolumne gekennzeichnet.

Es wird Ihnen sicher einleuchten, daß die Trend-Beobachtung bei Projekten wie etwa Ihrem neuen Verkaufsprogramm nicht anwendbar ist.»

Scott und der Info-Mann besprachen nun die Schwankungen, die seine Kritischen Erfolgsfaktoren in der Vergangenheit gezeigt hatten, und hielten die jeweiligen Trends in der Tabelle fest. Als das getan war, sagte der Info-Mann zu Scott: «So sieht also ein vollständiges Schwerpunkt-Memo aus.»

SCHWERPUNKT-MEMO FÜR BRIAN SCOTT

für die Woche bis zum 20. Januar

Kritische Erfolgsfaktoren	Ist-Zustand	Minimal-ebene	Befriedigendes Zielniveau	Hervorragendes Zielniveau	Trend
1. Erfolgsbereich – Verkauf					
Marktanteil	10%	12%	15%	20%	N
Durchführung eines neuen Verkaufsprogramms – 1. Phase	Planung	30. Mai	15. Mai	1. April	–
2. Erfolgsbereich – Produktion					
Erste Qualität	92%	90%	95%	98%	N
Feststellen unrentabler Produktlinien	Planung	15. Mai	1. Mai	1. März	–
3. Erfolgsbereich – Vertrieb					
Lagerbestands-Umschlag pro Monat	3	2	5	8	N
Liquidation toten Inventars	Planung	1. Mai	1. April	1. März	–
4. Erfolgsbereich – Finanzen					
Profit pro Aktie	negativ	$ 0,5	$ 1,0	$ 2,0	N
Verschuldungsgrad	0,9	0,6	0,6	0,5	N
Verkleinerung der Belegschaft	Planung	1. Mai	30. März	1. März	–

Scott sah sich das Schwerpunkt-Memo in Ruhe an. Es gefiel ihm, alle wesentlichen Informationen so übersichtlich vor sich zu haben.

«Hier haben Sie in geballter Form alle Daten, die Sie brauchen», faßte der Info-Mann zusammen. «In der ersten Spalte listen Sie Ihre Kritischen Erfolgsfaktoren auf. Sie müssen alle Ihre Hauptverantwortungsbereiche abdecken. Jeder Mitarbeiter muß seine eigenen Kritischen Erfolgsfaktoren benennen, die sich ganz individuell auf seine Position beziehen.

In die zweite Spalte, tragen Sie den Ist-Zustand Ihrer Erfolgsfaktoren ein, den Sie den zahlreichen in Ihrer Firma vorhandenen Berichten entnehmen. Hierbei geht es um die Guten Informationen, die Sie aus dem Datenmeer herausfiltern müssen.

In der dritten, vierten und fünften Spalte erscheinen Ihre Ziele. In die sechste Spalte schreiben Sie in abgekürzter Form den Trend, den der jeweilige Erfolgsfaktor aufweist. Sie lesen ihn aus einer Grafik über den Verlauf der vergangenen Wochen ab.»

«Ich danke Ihnen», sagte Scott. «Ihr Konzept leuchtet mir ein. Nicht auszudenken, wie einfach meine Aufgabe hier wäre, wenn alle Führungskräfte des Hauses ihre Ziele in dieser Weise festlegen würden: in einem Memorandum auf einer einzigen Seite. Das macht es ja wirklich leicht, die Kompetenzen klar abzugrenzen und eindeutige Leistungsstandards aufzustellen. Man kann damit viel zielstrebiger arbeiten.»

«Sie haben völlig recht», antwortete der Info-Mann. «Sie haben die Vorteile des Systems auf einen Blick erkannt. Aber vergessen Sie nicht, wir haben zur Illustration der Grundlagen des Schwerpunkt-Memos erst einen Teil Ihrer Kritischen Erfolgsfaktoren herangezogen. Ich schlage Ihnen vor, daß Sie sich die Zeit nehmen, dieses Memo selbst zu vervollständigen. Wenn Sie Ihr Memo überarbeitet haben, komme ich wieder und zeige Ihnen den nächsten Schritt zum Memo-Management.»

«Einverstanden!» sagte Scott und schüttelte dem Info-Mann zum Abschied die Hand.

Es war Mittag, und Scott beschloß, allein essen zu gehen, um das Gespräch mit dem Info-Mann noch einmal in Ruhe zu überdenken. Widerstreitende Gedanken gingen ihm durch den Kopf. Gewiß, das Schwerpunkt-Memo hatte ihn auf Anhieb beeindruckt. So klar hatte er bisher die entscheidenden Informationen noch nie zusammengefaßt gesehen. Aber konnte er als der Verantwortliche an der Spitze eines großen Konzerns es sich überhaupt leisten, sich mit Informationen und der Art ihrer Präsentation zu befassen? Sollte er sich nicht eher auf die kurzfristigen Lösungswege konzentrieren, die er bereits eingeschlagen hatte, und zwar mit Aussicht auf Erfolg? Dann brauchte er sich nicht stundenlang damit abzugeben, ein solches Nur-Eine-Seite-Memo aufzusetzen, sondern könnte sich gleich den wichtigen Aufgaben zuwenden, auf die es dem Aufsichtsrat ankam. Dieser Gedanke erschien Scott immer gewichtiger. Er verspürte jetzt richtigen Hunger.

Endlich kam das Essen. Danach fühlte Scott sich gestärkt. Die Vorschläge des Info-Mannes erschienen ihm nun wieder in günstigerem Licht. Er wußte, daß das System des Info-Mannes entscheidende Verbesserungsmöglichkeiten bot und langfristig sogar zur Sanierung der X-Corp führen konnte. Deshalb entschloß sich Scott, das Memo-Management-System einzuführen. Um sich das Datum seines Entschlusses zu merken, machte er eine Notiz in seinem Kalender. Dann entwarf er einen Umlauf, um seinen Mitarbeitern einen ersten Hinweis auf das Memo-Management zu geben. Er schrieb: «Ab sofort dürfen alle Memos in der X-Corp nur noch höchstens eine Seite lang sein. Was nicht auf einer Seite gesagt werden kann, muß eben einfacher ausgedrückt werden.»

IN SEIN BÜRO zurückgekehrt, reichte Scott den Text seiner Sekretärin, die ihn in Umlauf bringen sollte. Dann telefonierte er mit Brown, dem stellvertretenden Chef eines der Hauptproduktionsbereiche der X-Corp, mit dem er an seinem ersten Tag gesprochen hatte, und bat ihn in sein Büro. – Scott wollte ihm mitteilen, was er in seinen Gesprächen mit dem Info-Mann gelernt hatte. Außerdem wollte er das Memo-Management-System zuerst in Browns Bereich einführen.

Brown kam zu ihm und hörte sich Scotts Darstellung des Memo-Managements an. Es schien ihn nicht zu beeindrucken. Brown verhielt sich kühl, ja reserviert. «Das machen wir doch alles schon», sagte er. «Außerdem haben wir alle Hände voll zu tun und können für dieses neue Memo-Management vorerst keine Zeit erübrigen.»

«Woran arbeiten Sie denn zur Zeit so angestrengt?» fragte Scott.

«Wir sind dabei, den Maschinenpark in unseren Zweigwerken zu erneuern und die gesamte Fertigung vom Fließband bis zum Versand auf Computer umzustellen.»

«Das sind ja gewaltige Planungen», sagte Scott. «Wie weit sind Sie damit?»

«Wir sind mittendrin, und deswegen sollten wir jetzt nicht noch ein neues Großprojekt anfangen», antwortete Brown.

«Klingt vernünftig. Wann wird Ihre Umstellung beendet sein?» fragte Scott.

«Die Abwicklung der Pläne dauert wohl noch zwei Jahre.»

Scott wurde ärgerlich. «Soll das heißen, daß wir hier in den nächsten zwei Jahren überhaupt nichts Neues anfangen können? Was soll ich dann überhaupt hier? Ich habe zwei Jahre Zeit, um diese Firma zu sanieren! So lange werde ich bestimmt nicht tatenlos herumsitzen. Ich habe vor, hier wesentliche Veränderungen in Gang zu bringen.»

Brown schwieg eine Weile und sagte dann: «So habe ich es nicht gemeint. Ich bin immer aufgeschlossen für neue Ideen, aber was Sie mir über das Memo-Management gesagt haben, erscheint mir keineswegs neu. Das praktizieren wir doch schon lange.»

«Dann sagen Sie mir, welches Ihre Kritischen Erfolgsfaktoren sind!»

«Was meinen Sie?» fragte Brown.

«Woran erkennen Sie, daß Ihr Produktionsbereich gute Arbeit leistet?» erklärte Scott.

«Da gibt es eine Menge Anzeichen», antwortete Brown. «Ich könnte Ihnen ein paar aufzählen, aber wenn Sie alle hören wollen, muß ich in unseren Computer-Berichten nachsehen. Das wird dann nicht eine Seite, sondern eher zweihundert.»

«Da haben wir's ja!» sagte Scott. «Hätten Sie denn nicht lieber alle Ihre Erfolgsfaktoren übersichtlich auf einer Seite?»

«Das ist doch absurd!» rief Brown. «Wo kämen wir denn da hin? Da geriete ja alles außer Kontrolle!»

«Wessen Kontrolle?» fragte Scott.

«Ach, Sie wissen schon, was ich meine», erwiderte Brown.

Scott lächelte, denn er erkannte nun, was Brown störte. «Sie haben recht», sagte er. «Sie würden dann vieles nicht mehr allein kontrollieren, aber genauso sollte es ja auch sein. Die sechshundert leitenden Angestellten und Meister, die Ihnen direkt oder indirekt unterstellt sind, müssen auch ein Wörtchen mitzureden haben.»

Dann lenkte Scott das Gespräch auf die Erfolgsfaktoren zurück. «Mr. Brown, angenommen, Ihre Kritischen Erfolgsfaktoren füllten tatsächlich zweihundert Seiten. Wenn Sie nun die damit verbundene Verantwortung und Kontrolle unter Ihre sechshundert Manager aufteilen, dann kriegt jeder eine Drittelseite. Natürlich ist das jetzt eine grobe Vereinfachung, aber dieses Beispiel erklärt, worum es geht.»

Scotts Argument hatte nicht die gewünschte Wirkung auf den Produktionschef. Brown ging immer mehr in die Defensive.

«Beruhen Ihre Kritischen Erfolgsfaktoren auf klaren Zielen?» fragte Scott.

«Die wichtigen, ja», antwortete Brown.

«Kennen die Mitarbeiter unter Ihnen, bis hin zu denen am Fließband, ihre Kritischen Erfolgsfaktoren? Haben Sie für jeden Faktor genaue Ziele festgelegt?»

«Das weiß ich nicht», sagte Brown. «Aber was änderte das an unseren Effizienz- und Qualitätsproblemen, die eindeutig maschinenbezogen sind?»

«Selbst wenn es so wäre», antwortete Scott, «werden Maschinen doch immer von Menschen bedient. Was wir steigern müssen, sind die Arbeitsleistung und die Kreativität von Menschen!»

«Da stimme ich Ihnen zu», sagte Brown. «Wir brauchen tüchtige Arbeiter. Deshalb habe ich letztes Jahr eine ganze Reihe von Mitarbeitern entlassen. Faulenzer, die für ihren Lohn nichts leisten wollen, kann ich nicht brauchen.»

Er fühlte sich jetzt wieder auf sichererem Grund. «Ich glaube, daß wir von unserer Belegschaft her die maximale Produktivität erreicht haben. Steigerungen sind jetzt nur noch durch Verbesserung der Maschinen möglich.»

Scott war perplex. Er erkannte, daß Browns Denken meilenweit von seinen eigenen Ansichten entfernt war. Er beschloß, Brown im Auge zu behalten.

Nach einigem Überlegen machte Scott einen neuen Anlauf, sich Brown verständlich zu machen. Er sagte: «Ich bin sicher, daß das Memo-Management der X-Corp tiefgreifende Veränderungen ermöglichen wird. Ich suche jetzt einen Bereich, in dem wir gleich mit der Erprobung anfangen.»

«Im Verkauf wäre ein solches Programm sicher ganz nützlich», sagte Brown rasch. Er hoffte, Scott würde ihn endlich in Ruhe lassen.

«Ich hatte gehofft, Sie würden mir Ihren eigenen Bereich vorschlagen», erwiderte Scott.

Widerstrebend fragte Brown: «Und was soll da jetzt genau gemacht werden?»

«Ich möchte Sie und Ihre Manager bitten, für Ihren eigenen Arbeitsbereich jeweils ein Memo von einer Seite zu verfassen, so daß jeder klare Ziele und eine Checkliste hat.» Mit diesen Worten reichte Scott dem Produktionschef das Muster-Memo, das er zusammen mit dem Info-Mann erstellt hatte. «So sollen die Memos aussehen», sagte er dazu.

Brown überflog das Memo. Eine lange Zeit sagte er gar nichts. Was er da sah, berührte ihn nicht. ‹Das ist ja nichts Besonderes›, dachte er. Es überraschte ihn, daß Scott einen derartigen Bericht von ihm verlangte. Warum sollte er seine Zeit damit verschwenden, einen solchen Bericht zu verfassen?

Scott beobachtete Browns Reaktion. Es war klar, daß Brown nur wenig Bereitschaft zeigte, auf seinen Plan einzugehen.

«Bitte erklären Sie mir Ihre Einwände», forderte Scott den Produktionschef auf.

«Die Informationen, die Sie haben wollen, liegen bereits in vielen Berichten aus verschiedenen Quellen vor», begann Brown. «Wir haben das alles schon! Wir haben bisher schon alle Hände voll zu tun, diese Daten auszuwerten, und jetzt kommen Sie und verlangen doppelte Arbeit!» Er sah Scott vorwurfsvoll an und fuhr fort: «Wir rackern uns ab und geben jeden Tag unser Bestes, damit der Laden hier läuft. Anstatt das anzuerkennen, verlangen Sie, daß wir unsere Zeit mit solchen Reports vergeuden!»

«Ich anerkenne die Anstrengungen Ihres Bereichs», erwiderte Scott. «Aber das heißt nicht automatisch, daß ich auch mit den von Ihnen erzielten Ergebnissen gleich zufrieden sein muß. Daß Sie sich krummarbeiten, heißt noch lange nicht, daß Sie das Richtige tun. Die Regel lautet:

**Wichtiger
als alles richtig
zu machen
ist es,
das Richtige
zu tun**

«Und weil das so wichtig ist, möchte ich, daß Sie selbst die Erfahrung machen, die Kritischen Erfolgsfaktoren für Ihren Tätigkeitsbereich festzulegen», fügte Scott hinzu.

«Auch Ihre Mitarbeiter sollten sich die Mühe machen, Wichtiges und Unwichtiges zu trennen. Nach diesem Sortieren haben Ihre Manager eine Liste der Dinge in der Hand, die so wichtig sind, daß es sich lohnt, sich dafür ins Zeug zu legen. Das wird uns helfen, die X-Corp wieder flottzukriegen.»

Es fiel Brown sehr schwer, Scotts Standpunkt nachzuvollziehen. Etwas in seinem Innern sträubte sich dagegen. Er war ganz und gar nicht einverstanden mit Scotts Plänen. Andererseits hatte er einen starken Teamgeist und war ernsthaft um das Wohl des Unternehmens besorgt. Deshalb gab er schließlich nach und sagte Scott, er werde sein möglichstes tun.

Scott hatte von Brown viel mehr Begeisterung erwartet. Die Reaktion des Produktionschefs bedrückte Scott. «Vielleicht ist Browns Haltung typisch für den Geist, der hier bei X-Corp herrscht», dachte Scott. «Möglich, daß die Talfahrt des Hauses damit zusammenhängt.»

Nach dem Gespräch mit Scott ging Brown schnurstracks zum Leiter der Planungsabteilung, mit dem er befreundet war. «Der neue Boss ist ein Spinner», sagte er, als er hereinkam. «Er scheint zu denken, daß wir hier bloß herumsitzen und Däumchen drehen. Er wollte einfach nicht kapieren, daß ich an wichtigen Dingen arbeite und es mir nicht leisten kann, lange an irgendwelchen Berichten herumzudoktern.»

Der Planungschef war ein diplomatischer Mann. «Scott wird schon wissen, was er tut», sagte er. «Aber wenn du nicht willst, brauchst du die Sache ja nur ein wenig zu verschleppen. Du erledigst eben erst einmal die wichtigeren Aufgaben.»

«Das ist wirklich eine tolle Idee!» sagte Brown sarkastisch. «Und wenn er mich rausschmeißt?»

«Ach was!» sagte der Planungschef. «Wenn du ihm sagst, daß du an der Sache arbeitest und sie aber dann einfach schleifen läßt, wird er sie aller Wahrscheinlichkeit nach früher oder später vergessen, und du bist dein Problem los.»

«Die Sache schleifen lassen! Das ist ja vielleicht ein Rat!» dachte Brown, den die Reaktion seines Kollegen enttäuschte. Er ging in sein Büro und vergrub sich in seinem Sessel, ohne auch nur den Gruß seiner Sekretärin zu bemerken.

Es war drei Uhr nachmittags. Brown schaute nach, was er noch für Termine hatte. In seinem Kalender waren zwei Vorträge eingetragen, auf die er sich heute morgen noch gefreut hatte: «Automatisierung im Fertigungsbereich» und «Die computerintegrierte Produktion». Jetzt war ihm nicht mehr danach, zu diesen Vorträgen zu gehen. Sie erschienen ihm sinnlos.

Brown rief seine Sekretärin. «Ich werde heute an keiner Sitzung mehr teilnehmen. Die Vorträge können ohne mich beginnen.» Weil Scott ihn um die Erarbeitung eines dieser neuen Memos gebeten hatte, glaubte er, er müßte nun alle seine wichtigen Projekte aufgeben, in die er eine Menge Zeit und Energie investiert hatte. Er hatte die Orientierung verloren.

Brown starrte die Wand an, als es auf einmal klopfte. Es war seine Sekretärin. «Kann ich noch etwas für Sie tun?» fragte sie. «Sonst gehe ich jetzt.» Brown sah auf die Uhr. Es war fünf. «Nein danke», sagte er. «Auf Wiedersehen.»

Brown beschloß, ebenfalls nach Hause zu gehen. Er stand auf und verließ sein Büro. Er nahm seinen Ärger mit, ging langsam und ohne eine Miene zu verziehen. Seine Frau sah sofort, daß etwas vorgefallen sein mußte. An der Art, wie er das Haus betrat, erkannte sie immer seine Stimmung. Heute war er nicht der kraftvolle Mann, den sie kannte. Sie hätte gerne gefragt, was los sei, beschloß aber zu warten, bis die Familie zu Abend gegessen hatte und die Kinder im Bett waren.

An diesem Abend verlief die Mahlzeit bei den Browns so ruhig wie schon lange nicht mehr. Jeder Versuch, ein Gespräch in Gang zu setzen, schlug fehl. Nach dem Essen setzte sich Tom Brown in seinen Fernsehsessel, nahm sich die Zeitung und studierte sie aufmerksam.

«Aber Liebling, warum liest du denn die Stellenangebote?» fragte Browns Frau Elaine. «Haben sie dich entlassen?»

«Nein, aber wenn es bei der X-Corp brenzlig wird und ich mit Scott nicht klarkomme, muß ich mich vielleicht nach etwas anderem umsehen», antwortete er.

«Was ist denn los?» rief Elaine. «Du warst doch die letzten Monate so begeistert von deiner Arbeit. Was ist passiert?»

«Der neue Mann ist ein Idiot, und außerdem hat er etwas gegen mich.»

«Aber beruhige dich doch! Wenn er die X-Corp leitet, kann er ja wohl nicht ganz dumm sein, und ich kann mir nicht vorstellen, daß jemand dich nicht mag. Erzähl mir doch, was wirklich vorgefallen ist. Nicht deine Meinung, sondern die Tatsachen!»

«Der neue Chef war heute den ganzen Nachmittag hinter mir her. Er wollte wissen, was meine Kritischen Erfolgsfaktoren für die Produktion seien.»

«Und was sollst du konkret machen?» fragte Elaine.

«Wir sollen unsere Zeit darauf verwenden, Kritische Erfolgsfaktoren und Ziele zu definieren, damit jeder Manager nur ein Blatt Papier und nicht eine Masse Berichte in der Hand hat», antwortete Brown.

«Was ist denn daran falsch?» wollte Elaine wissen.

«Es ist einfach absurd! Wir verschwenden damit nur Zeit und Geld. Wenn er einen Bericht von einer Seite haben will, soll er sich doch selber einen verfassen, aber ich will damit nichts zu tun haben. Ich habe schon genug Schwierigkeiten mit den Managern unter mir. Kannst du dir vorstellen, wie ich sie dazu kriegen soll, neue Berichte zu schreiben? Die ganzen Besprechungen! Außer Reden kommen wir dann zu nichts anderem mehr. Mit mir nicht! Ich weiß, was für die Firma gut ist – auf jeden Fall nicht das, was Scott sich da ausgedacht hat!» Brown fand kein Ende und wiederholte seinen Standpunkt ein ums anderemal.

Elaine fing an, ungeduldig zu werden. Sie ärgerte sich, weil sie schon mehrfach etwas hatte sagen wollen, aber Tom ließ sie nie zu Wort kommen.

Plötzlich stand sie auf, packte einen Stapel Zeitschriften und knallte ihn auf den Tisch. «Jetzt hör endlich auf, dich so kindisch zu benehmen, und hör mir zu! Du bist unglaublich stur! Warum kannst du nicht zugeben, daß du möglicherweise unrecht hast? Warum siehst du die Sache nicht ein einzigesmal von Scotts Seite an?»

Sie holte tief Luft und fuhr fort: «Frag dich doch einmal: Warum will dieser Mann, daß ich diese Nur-Eine-Seite-Memos erarbeite? Möglicherweise gibt es ja eine logische Erklärung und nicht nur die, daß euer Boss den Verstand verloren hat.»

Tom hatte seine Frau noch nie so energisch gesehen. Er war beeindruckt, wollte es aber nicht zugeben und schwieg.

Mit ruhigerer Stimme sagte Elaine: «Liebling, erinnerst du dich noch an das Abendessen letzten Freitag bei unseren Nachbarn?»

«Natürlich. Es war furchtbar.»

«Das Steak, das sie uns vorsetzten, war vom Allerfeinsten. Steak ißt du besonders gern, nicht wahr? Nancy hatte es allerdings in einer Pilzsauce gemacht, und es war zu sehr durchgebraten. Du magst Steak ja medium und ganz ohne Sauce.»

«Stimmt», sagte Brown.

«Deshalb hast du das Steak stehenlassen und unsere Gastgeber vor den Kopf gestoßen.»

«Was hat denn das mit meinem Chef zu tun?» fragte Tom Brown.

«Eine ganze Menge», antwortete Elaine. «Die Anstrengungen, die dein Chef dir abverlangt, erinnern mich an das durchgebratene Steak.

Verstehst du nicht? Er mag sein Steak anders als du. Warum findest du nicht heraus, was er will, und gibst es ihm? Mach ihm sein Steak so, wie er es haben will. Das müßte doch eigentlich leicht sein, denn er sagt dir ja genau, wie er die Firma organisieren möchte.»

Elaine dachte eine Weile nach und fügte noch hinzu: «Außerdem darfst du nie die goldene Regel vergessen, Liebling: Wer das Geld hat, hat das Sagen.»

Tom schwieg. «Hoffentlich habe ich nicht an eine Wand hingeredet», sagte Elaine und ging aus dem Zimmer.

Tom sah ein, was seine Frau meinte. Er erkannte, daß er sich nicht gleichzeitig mit seiner Frau und mit seinem Boss anlegen konnte. Deshalb versuchte er, die Lage einmal von Scotts Standpunkt her zu sehen. Er dachte lange nach und beschloß dann, es probeweise einmal mit dem Memo-Management zu versuchen.

Am nächsten Tag rief Brown die ihm direkt unterstellten Mitarbeiter zusammen und besprach mit ihnen die Aufgabe, die Scott ihm gestellt hatte. Er bat sie, ihre Nur-Eine-Seite-Memos gemeinsam zu erarbeiten. Seine Mitarbeiter waren froh, daß er sie an dieser Aufgabe beteiligte. Sie trafen sich an zwei aufeinanderfolgenden Freitagen in Browns Konferenzzimmer. Da es sich um Männer mit einem ausgeprägten Sinn fürs Praktische handelte, bürgerte sich bei ihnen sehr schnell für den unhandlichen Ausdruck «Nur-Eine-Seite-Memo» die Abkürzung «NES-Papier» ein.

Bei der Erarbeitung ihrer NES-Papiere folgten Browns Mitarbeiter den Vier Schlauen Schritten des Info-Mannes. Jeder legte seine wichtigen Beziehungen fest und definierte dann von seinen wichtigen Beziehungen her seine Erfolgsbereiche und Erfolgsfaktoren.

Am zweiten Freitag brachten die Leute aus Browns Team sämtliche Berichte mit in die Sitzung, die bei ihnen zusammenliefen. Sie legten sie zum Spaß aufeinander und kamen auf einen Stapel von fast zwei Meter Höhe. Die Aussicht, alle Management-Informationen auf einem einzigen Blatt zusammenzufassen, faszinierte sie. Sie durchforsteten die Berichte und entnahmen ihnen den Ist-Zustand der Kritischen Erfolgsfaktoren, die sie zuvor festgelegt hatten. Als sie mit der Arbeit fertig waren, hatte jeder ein Schwerpunkt-Memo wie das, das der Info-Mann gemeinsam mit Scott erarbeitet hatte.

Brown erkannte nun, daß die Schwerpunkt-Memos alle Leistungsbereiche seiner Manager im selben Schriftstück dokumentierten. Diese Übung hatte die Aufmerksamkeit seines Teams auf das Wesentliche gelenkt. Brown entdeckte in den Schwerpunkt-Memos der ihm unterstellten Manager Kritische Erfolgsfaktoren, auf die er vorher nicht geachtet hatte. Er sah, daß der Ist-Zustand vieler Faktoren sehr viel schlechter war, als er gedacht hatte. Diese Erfahrung veränderte Browns Einstellung zum Memo-Management-System. «Na, vielleicht ist an den NES-Papieren doch ein bißchen was dran», dachte er.

Am Montag nach den Treffen mit seinen Mitarbeitern fiel es Brown auf einmal ein, daß er selber ja gar kein NES-Papier für seine eigene Tätigkeit ausgearbeitet hatte.

Er beauftragte seine Sekretärin, für ihn ein Schwerpunkt-Memo zu erstellen, in dem sie die Schwerpunkt-Memos seiner Mitarbeiter miteinander kombinierte. Als sie am Abend damit fertig war, verfügte Brown über ein maschinengeschriebenes Schwerpunkt-Memo, das genauso aufgebaut war wie das, welches Scott ihm gezeigt hatte – nur war es zweieinhalb Seiten lang.

«Für jemanden in meiner Position mit meiner Verantwortung», sagte sich Brown zufrieden, «sind zweieinhalb Seiten gar nicht schlecht.»

Inzwischen fand er es gut, daß Scott ihn aufgefordert hatte, in seinem Bereich Schwerpunkt-Memos einzuführen, obwohl es ihm noch immer schwerfiel, sich das einzugestehen. Durch diesen Auftrag hatten er und seine Mitarbeiter sich mit ein paar wichtigen Fragen auseinandergesetzt, für die sie sich sonst noch nie Zeit genommen hatten. Es erfüllte ihn mit Stolz, als Ergebnis der Bemühungen seiner Leute nun dieses Schriftstück präsentieren zu können.

Brown rief Scott an und bat ihn um einen Termin, um mit ihm über das Memo-Management zu sprechen. Scott war überrascht. Aufgrund von Browns ablehnender Haltung hatte er sich bereits darauf vorbereitet, mit dieser Neuerung im Verkaufsbereich zu starten.

«Ich habe mein Memo fertig», sagte Brown. «NES-Papiere, diese Nur-Eine-Seite-Berichte, sind wohl gar nicht so übel. Allerdings müssen sie sich natürlich erst noch in der Praxis bewähren.»

Scott war neugierig, woher Browns Interesse auf einmal kam. Er hätte sich gern Browns Schwerpunkt-Memo gleich angesehen. Dann aber fiel ihm ein, daß es günstig wäre, wenn der Info-Mann Browns Memo lesen und seine Meinung dazu abgeben würde. Er bat deshalb seine Sekretärin, für ihn ein Treffen mit dem Info-Mann und Brown zu arrangieren.

«Aber ich habe die Telefonnummer des Info-Mannes gar nicht», sagte Joanne Evans.

«Wie ärgerlich», antwortete Scott. «Dann können wir es erst abmachen, wenn er selber anruft.»

Als Joanne Evans zu ihrem Schreibtisch zurückkam, läutete das Telefon. Es war der Info-Mann. Scotts Sekretärin lachte.

«Ich habe schon gedacht, daß Sie anrufen würden. Mr. Scott möchte gern einen Termin mit Ihnen und Mr. Brown vereinbaren.»

Der Info-Mann war einverstanden, am Donnerstag morgen zu einem Gespräch mit Scott und Brown zu kommen.

ZUFRIEDEN mit seiner eigenen Arbeit, aber mißtrauisch wegen der Anwesenheit des Info-Mannes trat Brown am Donnerstag morgen in Scotts Büro. Scott machte die beiden Männer miteinander bekannt. Der Info-Mann begrüßte Brown mit Wärme, doch dieser antwortete nur mit einem kurzen Nicken. Er hätte lieber allein mit Scott gesprochen.

Am Info-Mann vorbei sprach er Scott an: «Ich verdanke Ihnen ein paar gute Anregungen.»

«Was meinen Sie?» fragte der.

«Ich spreche von den Schwerpunkt-Memos», antwortete Brown. Er schien wirklich zu meinen, was er sagte, denn er fuhr fort: «Die einzelnen Informationen, aus denen sich das Memo zusammensetzt, waren vorher weit verstreut und bruchstückhaft. Als wir sie zu einem NES-Papier von nur einer Seite zusammenfaßten, waren wir überrascht, welche Wirkung das auf uns hatte.»

Brown war der Ansicht, das Memo-Management-System nun verstanden zu haben. Er glaubte zu wissen, warum man NES-Papiere braucht, wie man sie erstellt und damit arbeitet.

«War es viel Arbeit?» fragte Scott.

«Überhaupt nicht!» antwortete Brown. «Es war angenehm. Nicht wie bei anderen Management-Programmen, wo man alte Gewohnheiten ausräumen und sein Verhalten ändern muß. Dagegen war dies ein Klacks.»

Scott lächelte. «Ich freue mich, daß Ihnen die Erarbeitung des Memos so leicht gefallen ist. Bei mir ging es nicht ganz so einfach. Ich bin neugierig, was Sie für Erfahrungen gemacht haben.»

«Es hat uns viel Spaß gemacht, unsere Kritischen Erfolgsfaktoren zu definieren», begann Brown. «Das Nachdenken über unsere Erfolgsfaktoren war viel nützlicher, als ich zuerst gedacht hatte. Hinterher fragten wir uns, warum wir das nicht schon immer gemacht haben.»

«Wen meinen Sie mit ‹wir›?» fragte der Info-Mann.

«Mich und die mir direkt unterstellten Manager. Wir trafen uns zweimal zum Brainstorming und entwickelten daraus unsere Schwerpunkt-Memos.»

«Ihre Mitarbeiter waren sicher erfreut, saß Sie sie in diese Aufgabe miteinbezogen haben», sagte der Info-Mann.

«Ganz bestimmt», antwortete Brown, während er seinen Aktendeckel aufschlug und seinen Zweieinhalb-Seiten-Bericht herausnahm.

Der Info-Mann sah sich Browns Memo gründlich an. Dann schaute er auf und sagte: «Sie haben sich mit diesem Memo viel Mühe gemacht, und das ist lobenswert. Es gibt jedoch ein oder zwei Punkte, auf die ich Sie hinweisen möchte. Die meisten Menschen haben die gleichen Schwierigkeiten, wenn sie zum erstenmal mit dem Memo-Management arbeiten. Bitte verstehen Sie deshalb meine Kommentare nicht als Kritik an Ihrer Arbeit.»

Brown nickte, gespannt, was der Info-Mann ihm sagen würde.

«Das erste ist: Warum ist Ihr Memo länger als eine Seite?»

Brown hätte am liebsten so getan, als hätte er die Frage des Info-Mannes nicht gehört. Aber er sah, wie aufmerksam Scott zuhörte, und sagte deshalb: «Die Kritischen Erfolgsfaktoren meiner unmittelbaren Mitarbeiter hätte ich ja doch nicht gut weglassen können, oder?»

«Wie viele Mitarbeiter sind Ihnen direkt unterstellt?» fragte der Info-Mann zurück.

«Drei», antwortete Brown.

«Was würden Sie machen, wenn es zehn wären? Würden Sie dann alle Kritischen Erfolgsfaktoren Ihrer Mitarbeiter in Ihr Memo aufnehmen, so daß Sie am Schluß auf zehn Seiten kämen?»

«Ich denke schon», sagte Brown.

«Wenn das so ist, habe ich wohl die eigentlichen Vorteile des Memo-Managements im Hinblick auf das Informations-Management nicht genügend herausgestellt», sagte der Info-Mann.

Brown, der geglaubt hatte, das Management per NES-Papier völlig zu durchschauen, war verblüfft.

«Was meinen Sie?» fragte er den Info-Mann.

Der Info-Mann fing an zu erklären: «Die Kritischen Erfolgsfaktoren im Memo jedes Mitarbeiters gelten nur für ihn allein. Ihr Schwerpunkt-Memo, Mr. Brown, muß andere Erfolgsfaktoren enthalten als die Ihrer Mitarbeiter. Es soll nicht einfach die Punkte übernehmen, die Ihre Mitarbeiter für sich aufgestellt haben.»

«Aber wie kann ich als Chef andere Kritische Erfolgsfaktoren haben als meine Mitarbeiter?» fragte Brown.

«Nehmen wir ein Beispiel», sagte der Info-Mann. «Angenommen, einer Ihrer Mitarbeiter hat den Erfolgsfaktor ‹Stückzahl gelieferter Waren›, dann könnte Ihr Erfolgsfaktor ‹Materialdurchlauf› oder ‹Produktrentabilität› lauten. Kümmert sich der Ihnen unterstellte Manager um die Zahl der produzierten Einheiten, dann ginge es bei Ihrem Kritischen Erfolgsfaktor darum, wieweit diese Einheiten den Verbraucherbedürfnissen entsprechen.»

Brown, dem die Produktion über alles ging, fühlte sich in seiner Sprache angesprochen. Er erkannte, daß der Info-Mann etwas vom Produktionsbereich verstand, und fing an, ihn ernst zu nehmen.

«Die Schwierigkeit ist», sagte Brown, «daß ich keine Kritischen Erfolgsfaktoren für mich aufstellen kann, die nicht zugleich auch für meine engsten Mitarbeiter gelten.»

Der Info-Mann blickte Brown verständnisvoll an. Lächelnd fragte er: «Glauben Sie, daß Ihr Posten notwendig ist?»

Brown fühlte sich wie vom Blitz getroffen. Es war ihm zwar bewußt, daß der Info-Mann diese Frage stellte, um sein Argument zu erklären. Aber in Gegenwart seines Chefs machte ihn diese Frage sehr verlegen.

Scott antwortete an Browns Stelle. «Natürlich ist Browns Posten notwendig», sagte er.

Doch der Info-Mann fuhr fort: «Wenn ein Manager nur die Kritischen Erfolgsfaktoren seiner Mitarbeiter, aber keine eigenen, individuellen Erfolgsfaktoren anführen kann, ist das ein klares Zeichen dafür, daß sein Posten überflüssig ist.

Viele Manager sehen einfach nur zu, wie in den unteren Rängen gearbeitet wird. Und dieses Zusehen spielt sich in endlosen Sitzungen ab.» Der Info-Mann lächelte Brown zu.

«Natürlich ist Ihr Posten nicht überflüssig», sagte er zu Brown gewandt. «Aber es muß doch möglich sein, Ihre spezifischen Kritischen Erfolgsfaktoren herauszufinden.»

Brown sammelte sich. «Ich bin zuständig für die Koordination aller Fertigungsschritte von der Planung bis zum Versand.»

«Na also», sagte der Info-Mann. «Dann müssen Ihre Kritischen Erfolgsfaktoren so formuliert werden, daß sie Ihre Koordinationstätigkeit widerspiegeln. Außerdem leiten Sie auf Ihrer Ebene ja vermutlich auch die Durchführung von Plänen zur Produktförderung, zur Entwicklung neuer Produkte und zur Einführung neuer Techniken, mit denen sich die Produktionskosten verringern und die Qualität der Produkte steigern lassen. An Ihren Kritischen Erfolgsfaktoren muß auch Ihre Leistung in diesem Bereich ablesbar sein.»

Nach den letzten Sätzen des Info-Mannes fühlte Brown sich wieder wohler. Er atmete einmal tief durch. Allmählich wurde ihm klar, worauf der Info-Mann hinauswollte. Bisher hatte Brown seine Tätigkeit noch nie auf diese Weise analysiert.

«Sie müssen ein bißchen kreativ werden, um für Ihren Tätigkeitsbereich individuelle Erfolgsfaktoren zu benennen», sagte der Info-Mann. «Versuchen Sie es mal mit den Vier Schlauen Schritten.

Ihre Erfolgsfaktoren beziehen sich auf die Gesamtproduktivität und Effizienz der Produktionsprozesse. Natürlich ist es nicht falsch, wenn Sie Meßgrößen und Durchschnittswerte aus den Kritischen Erfolgsfaktoren Ihrer Mitarbeiter in Ihr Memo übernehmen. Wenn Sie jedoch nur solche Kritischen Erfolgsfaktoren aufstellen, kommen Sie in Gefahr, die klare Abgrenzung der Zuständigkeitsbereiche zu stören.»

Brown begann sich immer mehr für den Info-Mann zu erwärmen. «Bitte schauen Sie doch noch einmal in meinen Bericht», sagte er, nun wesentlich entspannter, «und sagen Sie mir, ob ich wenigstens meine Ziele korrekt bestimmt habe?»

Der Info-Mann nahm sich Browns Memo noch einmal vor. In einigen Fällen lag der Ist-Zustand über dem Hervorragenden Zielniveau. Der Info-Mann fragte sofort nach: «Wie kommt es, daß Sie bei einigen Ihrer Kritischen Erfolgsfaktoren das Hervorragende Ziel niedriger angesetzt haben als den Ist-Zustand?»

«IN DIESEN FÄLLEN habe ich die geltenden Industrienormen eingesetzt», erklärte Brown.

«Ach ja, ich verstehe», antwortete der Info-Mann. «Gibt es Ihnen ein Gefühl der Befriedigung, wenn Sie diese Normen übertreffen?»

«Ganz und gar nicht», antwortete Brown. «Dazu ist es viel zu leicht.»

«Dann sind diese Normen zu niedrig», sagte der Info-Mann. «Aber Sie wollen sich doch bestimmt verbessern. Dazu müssen Sie Befriedigende Zielgrößen wählen, die über Ihrem gegenwärtigen Ist-Zustand liegen und kurzfristig erreichbar sind. Und Ihr Hervorragendes Zielniveau sollten Sie so schwierig gestalten, daß es nur mit ausgezeichneter Arbeit erreichbar ist.»

«Meinen Sie, wir sollten unsere Normen ändern?»

«Ich denke schon», antwortete der Info-Mann. «Schließlich sind sie ja nicht unantastbar. Wie sind sie denn zustande gekommen? Ein paar Leute sind angerückt, haben die Arbeitsgänge gemessen und die Werte festgesetzt. Wenn Sie neue Maschinen haben, sind diese Werte sowieso überholt. Wenn Sie Ihre Normen bereits übertreffen, sollten Sie sich höhere Ziele setzen.»

Der Info-Mann überflog noch einmal Browns Memo und sagte dann: «Da ich Ihren Tätigkeitsbereich nicht genau kenne, kann ich nicht entscheiden, ob die von Ihnen gewählten Erfolgsfaktoren angemessen sind. Aber ich muß sagen, Sie haben einen guten Anfang gemacht.»

Zum Schluß schlug der Info-Mann vor, Brown solle erst sein Schwerpunkt-Memo korrigieren, bevor er ihn weiter in das Memo-Management einführte. Der Info-Mann erhob sich, verabschiedete sich von Scott und Brown und ging.

Den Kopf voll neuer Ideen, verließ Brown Scotts Büro. Er beschloß, sein Schwerpunkt-Memo sofort in Ordnung zu bringen, solange ihm die Ratschläge des Info-Mannes noch frisch im Gedächtnis hafteten. Er ging in sein Büro, räumte seinen Konferenztisch frei und machte sich mit einem Notizblock und seinem Zweieinhalb-Seiten-Memo an die Arbeit.

Er begann die Überarbeitung des Memos, indem er nacheinander alle Kritischen Erfolgsfaktoren herausstrich, die für seine direkten Mitarbeiter galten. Als er damit fertig war, saß er vor einem leeren Blatt.

Danach bemühte sich Brown, individuelle Erfolgsfaktoren für seinen eigenen Arbeitsbereich aufzuzeigen. Plötzlich wurde ihm heiß, als er sich daran erinnerte, wie Scott ihn aufgefordert hatte, seine Kritischen Erfolgsfaktoren zu nennen. Er hatte damals gesagt, die Liste würde zweihundert Seiten lang. Doch nun wollte ihm noch nicht einmal ein einziger Punkt einfallen. Entmutigt dachte er schon an Aufgeben.

Da fiel ihm ein Satz des Info-Mannes wieder ein. «Wenn Sie keine individuellen Kritischen Erfolgsfaktoren für Ihren Posten aufstellen können, dann könnte Ihr Posten überflüssig sein.» Entschlossen stand er auf, holte sich eine Tasse Kaffee und kehrte mit neuer Energie an seinen Platz zurück.

Brown schrieb auf, was er als seine wichtigste Aufgabe im Unternehmen ansah: Außer für die laufende Produktion fühlte er sich auch für die Gesundung des notleidenden Konzerns verantwortlich. Die Automatisierung der Produktionsprozesse, Verringerung des Ausschusses und Produktivitätssteigerung waren da die wesentlichen Vorhaben.

Seine Verantwortung für den Fertigungsbereich der X-Corp erforderte außerdem, daß er sich um Qualität und pünktliche Lieferung der Produkte, den Umschlag von Material und Lagerbestand, die Vermeidung von Leerlauf und die gesamte Effizienz der verschiedenen Zweigwerke kümmerte.

Er dachte lange über diese Tätigkeiten nach und fragte sich, wie er daraus Kritische Erfolgsfaktoren ableiten könne. Dann zog er die Vier Schlauen Schritte zu Rate, die der Info-Mann Scott erklärt hatte. Diese führten ihn dazu, daß er in den folgenden Tagen mit zahlreichen Mitarbeitern der Bereiche Verkauf, Finanzen, Produktionsplanung, Forschung und Entwicklung sprach. Bei diesen Gesprächen bekam er eine Menge guter Ideen und wertvolle Informationen. So bekam er zum Beispiel von der Verkaufsabteilung Informationen über Kundenreklamationen und Rücksendungen, Produktförderung und konkurrenzfähige Artikel. Aus den Unterlagen der Buchhaltung erfuhr er die genauen Einzelheiten über die Neuordnung des Lagerbestands und über die mit seiner Ausweitung verbundenen Kosten.

Browns Nachforschungen machten ihm die Verflechtung der verschiedenen Aufgabenbereiche innerhalb der Firma stärker bewußt. Je mehr er sich für das Memo-Management engagierte, desto klarer erkannte er, wie wertvoll dieses Verfahren war.

Nach zwei Wochen hatte Brown sein Papier fertig. Er hatte es seinem Freund, dem stellvertretenden Planungschef, gezeigt und auf seinen Vorschlag hin die Kritischen Erfolgsfaktoren in zwei große Gruppen geteilt. Die erste Gruppe hatte er LAUFENDE ARBEITEN, die zweite PROJEKTE genannt.

In der ersten Gruppe hatte Brown nur für ihn geltende Kritische Erfolgsfaktoren aufgezählt, die sich auf den normalen Betrieb in seinen Zweigwerken bezogen. Dazu zählte er den Umschlag der Lagerbestände, die pünktliche Lieferung an die Kunden, die Gesamtzahl der Rücksendungen von den Kunden, die allgemeine Effizienz und die Fluktuationen im Personalbereich.

Die zweite Gruppe war sehr viel schwieriger. Hier hatte Brown verschiedene Projekte aufgelistet, die mit zukünftigen Aktivitäten der X-Corp zu tun hatten. Er war sicher, daß er damit Scotts Interesse gewinnen würde. Zu den Zukunftsprojekten gehörten die Automatisierung der Fertigung, die Steigerung der Produktivität und die Produktverbesserung. Außerdem fügte Brown noch ein spezielles Sparprogramm zur Senkung der Kosten hinzu.

Brown war stolz auf das Memo, das er zusammengestellt hatte. Er wußte, daß die Aufmerksamkeit, die er von nun an seinen Kritischen Erfolgsfaktoren zuwenden würde, der Rentabilität der Firma zugute kommen würde. Er rief Scotts Sekretärin an, um ein Treffen mit Scott und dem Info-Mann abzumachen.

Drei Wochen nach dem letzten Besuch des Info-Mannes saßen die drei Männer wieder zusammen. Brown war diesmal wesentlich selbstsicherer. Er wußte jetzt, daß sein Posten notwendig war.

«Na, wie ist es gelaufen?» fragte der Info-Mann Brown.

«Großartig», antwortete Brown. «Ich habe jetzt ein Kompakt-Memo mit ganz persönlichen Kritischen Erfolgsfaktoren.» Mit diesen Worten reichte er Scott und dem Info-Mann eine Kopie seines Memos.

ERFOLGSMESSGRÖSSEN FÜR TOM BROWN

für die Woche bis zum 24. Februar

Kritische Erfolgsfaktoren	Ist-Zustand	Mindest-ebene	Befriedi-gendes Ziel-niveau	Hervor-ragendes Ziel-niveau	Trend
Gruppe I. Laufende Arbeiten					
Reklamationen pro 1000 Pfund	12	15	10	5	N
Verluste Verkauf an Fertigung (x 1000)	500	800	300	50	N
Prozent Rücksendungen wegen Materialfehler	50	60	30	15	N
Erste Qualität Prozent	92	94	97	99	N
Gesamte Kapazitäts-auslastung Prozent	98,5	95	98	100	P
Lieferung «auf Abruf» Prozent	11	20	30	40	P
Lagerung über 60 Tage Prozent	80	30	25	10	P
Gruppe II. Projekte					
Abweichung vom Sparbudget Prozent					–
Automations-projekt 1. Phase	Erledigt	1. Mai	15. April	1. April	–
Produktivitäts-programm 2. Phase	1. Phase	1. August	1. Juli	15. Juni	–

Der Info-Mann sah sich Browns Schwerpunkt-Memo genau an. Er freute sich über Browns Einfallsreichtum. Die Einteilung in zwei Gruppen, die Brown vorgenommen hatte, erschien ihm sehr überzeugend. Der Info-Mann sah Brown lächelnd an. «Bravo! Sie haben hervorragende Arbeit geleistet. Damit haben Sie nun ein präzises Instrument zur Steigerung Ihrer Leistung in der Hand.»

Auch Scott lobte Brown. Seine Begeisterung und die des Info-Mannes über sein Schwerpunkt-Memo ließ Browns Herz höher schlagen.

«Ich finde es sehr nützlich, daß Sie Ihren Tätigkeitsbereich in Laufende Arbeiten und Projekte aufgeteilt haben», sagte der Info-Mann. «Denn es ist ja so: Die Mitarbeiter auf den unteren Ebenen der Management-Pyramide haben in erster Linie die Aufgabe, für den reibungslosen Ablauf der routinemäßigen Arbeiten zu sorgen. Deren Kritische Erfolgsfaktoren beziehen sich also hauptsächlich auf den normalen Betrieb im Unternehmen.

Doch je höher Sie in der Organisationshierarchie steigen, desto entschiedener sollten Sie Ihren Blick in die Zukunft richten. Sie sollten nun immer weniger Zeit auf den Ablauf des Routinebetriebs verwenden und sich statt dessen mit ganzer Kraft um die zukünftigen Aktivitäten des Hauses kümmern.»

«Das ist ein interessanter Gesichtspunkt», bemerkte Scott. «Und gerade wir haben es auch bitter nötig, daß unsere Spitzenleute sich mehr auf die Zukunft hin orientieren.»

Während Scott noch über die Erklärung des Info-Mannes nachdachte, fragte sich Brown, wie er mit bloß einer Seite Kritischer Erfolgsfaktoren im beruflichen Alltag zurechtkommen sollte. Er fragte den Info-Mann:

«In meinem Schwerpunkt-Memo tauchen die Kritischen Erfolgsfaktoren meiner Mitarbeiter nicht auf. Es ist aber der einzige Bericht, an den ich mich halten kann. Woher soll ich dann wissen, was meine Mitarbeiter machen?»

Der Info-Mann lächelte. «Gute Frage!» sagte er. «Aber das Schwerpunkt-Memo ist nicht Ihre einzige Unterlage. Das Zweite und Dritte Memo kommt ja noch dazu. Die NES-Papiere Ihrer Manager werden durch das Dritte Memo miteinander verknüpft. Dieses Memo sagt Ihnen, was Ihre Leute machen. Doch bevor wir dazu kommen, wollen wir uns erst noch das Zweite Nur-Eine-Seite-Memo ansehen.

Dieses Zweite NES-Memo heißt FEEDBACK-MEMO. Es hilft Ihnen, Ihre Fortschritte auf dem Weg zum Erfolg im Auge zu behalten.»

«Wie das?»

«DENKEN SIE an unser Gespräch über den Erfolg», sagte der Info-Mann. «Erst haben Sie definiert, was Sie konkret als Erfolg ansehen. Dann haben Sie gesagt, woran Sie erkennen, daß Sie erfolgreich sind. Ihre Fortschritte im Auge zu behalten heißt nun nichts anderes, als daß Sie den Ist-Zustand Ihrer Kritischen Erfolgsfaktoren überprüfen, um zu sehen, ob Sie Ihr Befriedigendes Zielniveau erreicht haben. Wenn ja, können Sie feiern. Wenn Sie es noch nicht erreicht haben, sollten Sie Ihre Strategie und Vorgehensweise überdenken und Ihren Kurs korrigieren.

Das ist es, was ich unter Beobachtung Ihrer Fortschritte verstehe. Doch stellen wir nun das Feedback-Memo zusammen. Es nimmt uns einen Teil der Arbeit ab.»

Der Info-Mann bat Scott um sein neuestes Schwerpunkt-Memo. Er las es durch, nahm dann ein Blatt Papier und übertrug einen Teil der Informationen darauf. Dann zeigte er es Scott.

FORTSCHRITTE AUF DEM WEG ZUM ERFOLG
GEMESSEN FÜR BRIAN SCOTT

für die Woche bis zum 24. Februar

SIE HABEN IHR ZIEL ERREICHT – GRATULIERE!

Kritische Erfolgsfaktoren	Ist-Zustand	Befriedigendes Zielniveau
Umorganisationsplan	steht bevor	30. März
Umschlag Lagerbestand pro Monat	5	5

SIE HABEN PROBLEME – LASSEN SIE SICH ETWAS EINFALLEN!

Kritische Erfolgsfaktoren	Ist-Zustand	Minimalebene
Marktanteil	9,9%	12%

«Jetzt können Sie auf einen Blick sehen, wo Ihre Stärken und Schwächen liegen», erklärte der Info-Mann. «Sehen Sie, Sie haben bei Ihrem Umorganisationsprojekt und beim Umschlag der Lagerbestände Ihr Befriedigendes Zielniveau erreicht. Das ist die gute Nachricht. Die schlechte Nachricht ist, daß der Marktanteil der Firma unter die von Ihnen festgelegte Minimalebene gesunken ist. Sie müssen jetzt etwas Kreatives tun, um das zu verbessern.»

Dann wandte sich der Info-Mann Brown zu und schlug ihm vor: «Versuchen Sie, auf der Grundlage Ihres Schwerpunkt-Memos Ihr Feedback-Memo auszuarbeiten.»

Brown nahm ein Blatt Papier und zog eine waagerechte Mittellinie über die Seite. Über die obere Hälfte setzte er als Überschrift: «Sie haben Ihr Ziel erreicht – Gratuliere!», über die untere Hälfte schrieb er: «Sie haben Probleme – Lassen Sie sich etwas einfallen!»

Dann verglich Brown jeden Kritischen Erfolgsfaktor seines Schwerpunkt-Memos mit dem Befriedigenden Zielniveau. Lag der Ist-Zustand über dem Zielniveau, dann schrieb er den jeweiligen Erfolgsfaktor samt Ist-Zustand in die obere Hälfte des Blattes.

«Das nennen wir Ihre Pluspunkte», sagte der Info-Mann.

Dann ging Brown noch einmal alle Kritischen Erfolgsfaktoren durch und verglich sie mit der Minimalebene. Lag der Ist-Zustand unter der Minimalebene, dann schrieb er den jeweiligen Kritischen Erfolgsfaktor und seinen Ist-Zustand in die untere Hälfte.

«Und das sind Ihre Minuspunkte», sagte der Info-Mann.

Als Brown fertig war, hatte er folgende Aufstellung auf seinem Blatt stehen:

FORTSCHRITTE AUF DEM WEG ZUM ERFOLG
GEMESSEN FÜR TOM BROWN

für die Woche bis zum 24. Februar

SIE HABEN IHR ZIEL ERREICHT – GRATULIERE!

Kritische Erfolgsfaktoren	Ist-Zustand	Befriedigendes Zielniveau
Gesamte Kapazitätsauslastung in Prozent	98,5	98
Automationsprojekt 1. Phase	steht bevor	15. April

SIE HABEN PROBLEME – LASSEN SIE SICH ETWAS EINFALLEN!

Kritische Erfolgsfaktoren	Ist-Zustand	Minimalebene
Erste Qualität in Prozent	92	94
Lieferung auf Abruf (Prozent)	11	20
Abweichung vom Sparbudget (Prozent)	20	10

Brown hatte zwei Eintragungen in der oberen Hälfte und drei in der unteren Hälfte der Aufstellung. Der Info-Mann und Scott sahen zu, wie er die Rubriken ausfüllte, was nur wenige Minuten in Anspruch nahm.

«Ausgezeichnet! Sehen Sie, wie gut Sie gearbeitet haben», kommentierte der Info-Mann. «Sie haben zwei Pluspunkte. Zwei Kritische Erfolgsfaktoren sind höher als das Befriedigende Zielniveau. Darauf können Sie stolz sein.

Ich wette, bevor Sie dieses Memo zusammengestellt haben, war Ihnen noch gar nicht bewußt, daß Sie diese guten Leistungen erbracht haben, obwohl Ihnen alle Informationen vorlagen», sagte der Info-Mann.

«Das stimmt», antwortete Brown. «Ich hatte mir tatsächlich nicht die Zeit genommen, um nachzusehen, was ich richtig mache.»

«Und hier haben Sie jetzt Überblicksinformationen vor sich», fuhr der Info-Mann fort. «Finden Sie nicht, daß es Spaß macht, sich diese Übersicht anzuschauen?»

«Das hängt ganz davon ab, wie die schlechten Nachrichten ausfallen», sagte Brown und lachte fröhlich.

«Aber auf jeden Fall ist es immer besser, die problematischen Dinge gleich zu erfahren, damit man sie in Ordnung bringen kann», sagte der Info-Mann. «Ich glaube, das Feedback-Memo wird Ihnen bald so vertraut sein, daß Sie sich fragen, wie Sie jemals ausgekommen sind ohne dieses Mittel. Wahrscheinlich werden Sie es noch vor Ihrem Schwerpunkt-Memo zur Hand nehmen.»

Brown hatte noch eine Frage. «Aber wie ist das mit den Kritischen Erfolgsfaktoren, die weder positiv noch negativ sind? Die tauchen in diesem Memo ja überhaupt nicht auf.»

«Machen Sie sich deswegen keine Sorgen», antwortete der Info-Mann. «Vorausgesetzt, Sie haben Ihre Ziele richtig festgelegt, liegen die Werte, die weder positiv noch negativ sind, im Bereich akzeptabler Leistung.»

«Was heißt das?» fragte Brown.

Der Info-Mann nahm seinen Notizblock und zeichnete noch einmal eine Grafik ähnlich der, mit der er Scott die verschiedenen Zielebenen verdeutlicht hatte. Hier verliefen die Linien für die Minimal- und für die Befriedigende Zielebene jedoch nach oben ansteigend. Der Info-Mann zeichnete sodann als angenommenes Beispiel eine Zickzackkurve in die Grafik und hielt sie Scott und Brown hin. «Die Leistung im mittleren Bereich liegt innerhalb der Grenzen, die Sie als akzeptabel definiert haben», sagte er dazu.

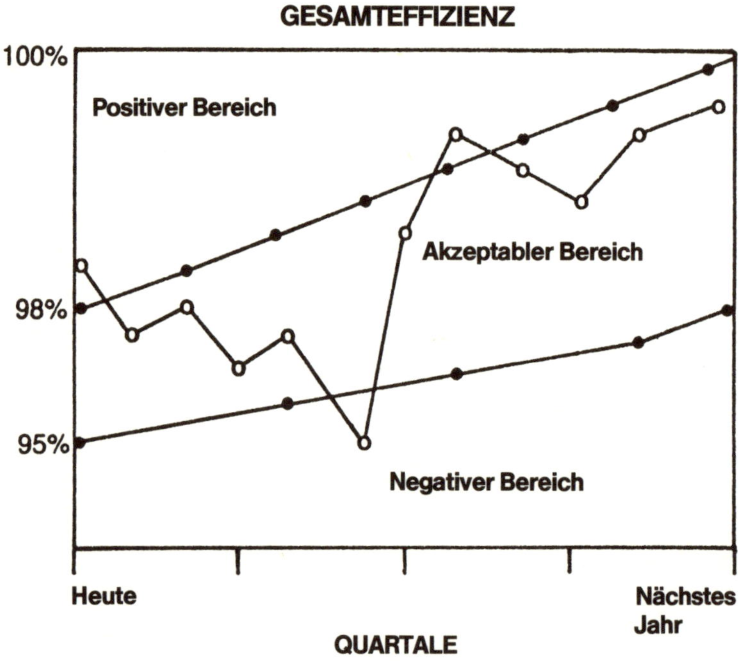

Scott nickte zustimmend. «Das ist eine interessante Art, Management by Exception zu praktizieren», sagte er.

Der Info-Mann lachte. «Von *der* Seite habe ich die Frage der Annehmbarkeit noch nie betrachtet. Aber Sie haben recht – vor allem, wenn die Manager daran denken, sich nicht bloß mit negativen Ausnahmen aufzuhalten. Das Memo-Management bezieht seine Kraft daraus, daß es die positiven Ausnahmen verstärkt.»

«Und das war also das Feedback-Memo», sagte Scott.

«Noch nicht ganz. Wir brauchen noch ein paar zusätzliche Angaben, damit das Memo komplett ist», antwortete der Info-Mann.

«Nehmen wir einmal die Effizienz, einen Ihrer Pluspunkte», sagte der Info-Mann zu Brown gewandt. «Daß Ihr letzter Ist-Zustand über Ihrem Befriedigenden Zielniveau liegt, ist eine ausgezeichnete Nachricht. Aber Ihr letzter Ist-Zustand sagt nichts darüber aus, ob Sie dieses gute Ergebnis in Zukunft halten können. Das erfahren Sie nur, wenn Sie die KURVE dieses Kritischen Erfolgsfaktors betrachten.

Um Ihre bisher erbrachte Leistung zu überschauen, brauchen Sie zwei verschiedene Angaben. Einmal müssen Sie wissen, wie viele Perioden oder Wochen hintereinander Ihre Leistung im positiven Bereich lag. Zum andern brauchen Sie ein Diagramm, das die früheren Werte Ihres Ist-Zustands zeigt und an dem Sie ablesen können, ob Sie sich auf Ihr Ziel zubewegen oder nicht. Auf dem Weg zum Erfolg muß man sich immer wieder vergewissern, ob man noch in die richtige Richtung marschiert. Wenn Sie geradewegs auf Ihr Ziel zusteuern, ist Ihr Trend positiv (P). Wenn Sie Umwege machen, ist der Trend negativ (N).»

Dann besprach der Info-Mann die bisherigen Werte von Browns Kritischen Erfolgsfaktoren mit ihm, setzte die entsprechenden Angaben in seine Aufstellung ein und legte beiden Männern das fertige Feedback-Memo vor.

FORTSCHRITTE AUF DEM WEG ZUM ERFOLG
GEMESSEN FÜR TOM BROWN

für die Woche bis zum 24. Februar

SIE HABEN IHR ZIEL ERREICHT – GRATULIERE!

Kritische Erfolgsfaktoren	Ist-Zustand	Befriedigendes Zielniveau	Aufeinanderfolgende Perioden	Trend
Gesamte Kapazitätsauslastung in Prozent	98,5	98	3	P
Automationsprojekt 1. Phase	steht bevor	15. April	–	–

SIE HABEN PROBLEME – LASSEN SIE SICH ETWAS EINFALLEN!

Erste Qualität in Prozent	92	94	5	N
Lieferung auf Abruf (Prozent)	11	20	3	P
Abweichung vom Sparbudget (Prozent)	20	10	1	–

«Das ist zu schön, um wahr zu sein», rief Brown. Diese Übersicht würde es ihm leichtmachen, sich auf die kritischen Bereiche zu konzentrieren, in denen etwas getan werden mußte.

«Wie Sie sehen», erklärte der Info-Mann, «erkennen Sie mit Hilfe dieses Memos sofort, wo Ihre Stärken und wo Ihre Schwächen liegen und in welche Richtung Sie steuern.»

«Wie kann ich denn beim Anteil der Lieferungen auf Abruf ein Problem haben, obwohl der Trend positiv ist?» wollte Brown wissen.

«Das ist eine interessante Frage», antwortete der Info-Mann. «Die Antwort ist: Sie machen zwar Fortschritte in diesem Bereich, aber Ihre Leistung liegt immer noch unter der Mindestebene.»

Nun wandte sich der Info-Mann an Scott und sagte: «Ich habe Ihnen nun alles erklärt, was Sie wissen müssen, um das Schwerpunkt-Memo und das Feedback-Memo in der Praxis einzusetzen. Von morgen an können alle Ihre Mitarbeiter von den Maschinenhallen bis in die Chefetagen anfangen, sich auf dieser Stufe mit dem Memo-Management vertraut zu machen. Sie haben alle Kenntnisse, die Sie brauchen. Es kann losgehen!»

«Meinen Sie, wir sollten ohne das Dritte Memo anfangen?» fragte Scott.

«Unbedingt», antwortete der Info-Mann. «Später, wenn sich Ihre Manager daran gewöhnt haben, sich in ihren Entscheidungen auf die Informationen des Schwerpunkt-Memos und des Feedback-Memos zu stützen, können Sie die Feedback-Memos Ihrer Mitarbeiter kombinieren. Dadurch bekommt das Schwerpunkt-Memo noch eine weitere Rubrik. Was es damit auf sich hat, werde ich Ihnen später erklären.»

Der Info-Mann stand auf, verabschiedete sich von Scott und Brown und wünschte ihnen viel Glück bei der Einführung des Memo-Management-Systems.

SCOTT WAR BEGIERIG, die X-Corp so rasch wie möglich auf das Memo-Management-System umzustellen. Er hielt es für das beste, ein Handbuch zu entwickeln, in dem die Erarbeitung und der Gebrauch der ersten beiden Memos erklärt wurden. Der einzige, der bisher mit dem Memo-System in Berührung gekommen war, war Tom Brown. Scott übergab ihm alle Notizen, die er sich während der Gespräche mit dem Info-Mann gemacht hatte, und bat ihn, sie zu einer praktischen Anleitung zusammenzufügen. Gail Locke bat er, die endgültige Fassung des Handbuchs zu erstellen. Auf diese Weise würde sie rasch mit den Grundsätzen des Memosystems vertraut werden. Er hatte vor, ihr die Entwicklung eines Schulungs- und Trainings-Programms zu übertragen.

Einen Monat später waren Handbuch und Trainingsmaterialien fertig. Sie waren in einem klaren, einfachen Stil abgefaßt, und es machte Spaß, sie zu lesen. Als ersten Schritt zur Einführung des Memo-Management-Systems gab Scott allen Managern des Konzerns ein Handbuch.

Die Manager der X-Corp lasen das Handbuch, nahmen es immer wieder zur Hand und machten sich eifrig Notizen in ihrem Exemplar. Auf diese Weise erarbeiteten sie sich die dargestellten Prinzipien und lernten, wie man Informationen als Mittel zum Erfolg einsetzen kann. Sie fühlten sich durch das neue System nicht bedroht, weil sie den Wert der kurzen NES-Papiere erkannten und weil es ihnen Einblick in die Grundzüge der Unternehmenspolitik bot.

Die Teilnahme an dem Schulungs- und Trainingsprogramm, die zunächst mager gewesen war, wuchs. Der sichtbare Erfolg der Manager, die den Kurs absolviert hatten, zog viele andere an.

Im Kabelwerk der X-Corp in Kansas lag die Beteiligung am höchsten. Arnold Turner, einer der Abteilungsleiter in diesem Werk, der eben erst befördert worden war, wurde zum Vorreiter des Programms. Turner hatte zehn Jahre lang an der Maschine gearbeitet, bis seine Leistung so dramatisch in die Höhe geschnellt war, daß er befördert wurde. Er führte seinen Erfolg auf die Methode der Zielsetzung und Leistungsmessung zurück. Er schätzte die Art, wie die NES-Memos ihm halfen, sich auf das Wesentliche zu konzentrieren. Er war froh, daß Scott dieses Programm in Gang gesetzt hatte.

Nach ungefähr vier Monaten trug Scotts Initiative die ersten Früchte. Sechzig Prozent der Manager der X-Corp hatten inzwischen an Schulungs- und Trainingskursen teilgenommen. Auf allen Management-Ebenen wurden Schwerpunkt- und Feedback-Memos erarbeitet und von den Führungskräften jede Woche auf den neuesten Stand gebracht.

Scott hatte sich aktiv an der Einführung des Memo-Systems beteiligt. Sein Interesse an dieser Methode wuchs immer noch. Er ließ sich einen großen Teil der Schwerpunkt-Memos vorlegen, besprach sie mit den Managern und erfuhr auf diese Weise immer wieder Neues über die Vorgänge im Betrieb.

Eines Tages ging es Scott blitzartig auf, daß das Informationsproblem, das er bei seinem Eintritt in die X-Corp gehabt hatte, bereits gelöst war. Durch die Festlegung der Kritischen Erfolgsfaktoren für die Manager und die kontinuierliche Beobachtung des Ist-Zustandes der Meßwerte hatte er seine ursprünglichen Fragen über die Firma selbst beantwortet.

Die Vorgehensweisen, die das Memo-Management-System mit sich brachte, gingen weit über Scotts ursprüngliche Sicht des Problems hinaus. Er überlegte, ob er den Info-Mann, den er nun schon mehrere Monate nicht gesehen hatte, um Rat bitten sollte.

Noch bevor er den Gedanken zu Ende gedacht hatte, klingelte das Telefon. Joanne Evans sagte, daß der Info-Mann am Apparat sei.

«Stellen Sie durch», sagte Scott.

«Hallo!» sagte der Info-Mann. «Na, wie steht's?»

«Ich kann nicht klagen. Eben habe ich an Sie gedacht.»

«Ich freue mich, daß Sie mich noch nicht vergessen haben», sagte der Info-Mann. «Sind Sie an einem weiteren Besuch von mir interessiert?»

«Ja, sehr», antwortete Scott. «Die Mehrzahl unserer Manager hat inzwischen Kritische Erfolgsfaktoren und Ziele für ihren Tätigkeitsbereich festgesetzt und bringt ihre Schwerpunkt-Memos wöchentlich auf den neuesten Stand.»

«Sehr gut. Wie lange arbeiten Sie schon mit dem Memo-Management-System?»

«Etwa zwei Monate», antwortete Scott.

«Ich könnte Sie am Donnerstag morgen um 9 Uhr besuchen», sagte der Info-Mann.

Scott bestätigte diesen Termin.

Dritter Teil: Die Vernetzung der Nur-Eine-Seite-Memos

AM DONNERSTAG MORGEN traf sich Turner mit seinem Werksleiter in Kansas. Arnold Turner bekam ein großes Lob für die ausgezeichnete Leistung seiner Abteilung. Im letzten Jahr hatte Abteilungsleiter Turner der Firma durch Effizienzsteigerung, Vermeidung von Qualitätsmängeln und weitgehende Reduzierung der Ausschußquote fast eine Million Dollar erspart. Der Werksleiter war höchst erfreut. Er gab Turner eine saftige Gehaltserhöhung. Turner strahlte.

Während Turner in Kansas gelobt wurde, bereitete Scott sich in seinem Büro auf den Besuch des Info-Mannes vor. Er war früh aufgestanden und schon um sieben ins Büro gefahren. Nun war es kurz nach acht, und Scott stand am Fenster seines Büros und schaute auf den das Firmengebäude umgebenden Park.

Scott dachte darüber nach, was er vom Info-Mann gelernt hatte. Jede einzelne Komponente des Memo-Managements war ihm zunächst längst bekannt erschienen, doch es war ihm nie eingefallen, sie in dieser Weise miteinander zu verbinden. Die Art, wie das so entstehende System realistische Wege zum Erfolg aufzeigte und zu immer besseren Leistungen führte, wirkte außerordentlich anfeuernd. Scott dachte noch eine Weile über diese Wirkung nach und erkannte, daß das Memo-Management vor allem deshalb so durchschlagskräftig war, weil die Feedback-Memos es den Managern ermöglichten, auf einen Blick alles Wissenswerte zu erfassen. Doch mindestens ebenso aufregend war die Art, wie diese Memos die Mitarbeiter motivierten.

Scotts Telefon klingelte und riß ihn aus seinen Gedanken. Seine Sekretärin sagte ihm, der Info-Mann sei gekommen.

«Wie ist es Ihnen seit unserem letzten Treffen ergangen?» fragte der Info-Mann nach der Begrüßung.

«Besser als erwartet», antwortete Scott. «Wissen Sie», fuhr er fort, «mir ist klargeworden, wieviel wir noch über den Umgang mit Informationen und ihre Weitergabe zu lernen haben. Aus der Anwendung der NES-Memos ergeben sich ständig neue Vorteile.»

Scott brannte darauf, dem Info-Mann von den Erfahrungen seiner Mitarbeiter mit dem Memo-Mangement-System zu berichten.

«Ich möchte Ihnen von einer Mitarbeiterin von Tom Brown berichten», begann Scott. «Das Memo-System hat ihr ganzes Leben verändert. Lucy Lake war in der Qualitätssicherung tätig, bis Brown sie vor kurzem zur Leiterin der Qualitätskontrolle befördert hat. Diese junge Frau hat einen überraschenden Aufstieg gemacht.»

«Erzählen Sie mir Genaueres», bat der Info-Mann.

«Vor einem Jahr war Mrs. Lake noch eine recht durchschnittliche Gruppenleiterin in der Qualitätskontrolle. Den großen Qualitätsproblemen ihres Werks stand sie ziemlich hilflos gegenüber. Seit der Einführung des Memo-Management-Systems ist es ihr jedoch gelungen, den Qualitätsstandard entscheidend zu heben. Was den Rückgang von Kundenreklamationen angeht, steht ihr Werk heute konkurrenzlos an der Spitze.

«MIT HILFE des NES-Memo-Systems gelang es Lucy Lake, die Kontrolle über ihre eigene Leistung zu bekommen. Es machte ihr Freude, sich durch das Feedback-Memo ständig über ihre positiven und negativen Ergebnisse auf dem laufenden zu halten. Sie sah es als Herausforderung, die durch dieses Memo aufgezeigten Probleme mit Umsicht und Einfallsreichtum zu lösen. Meist tat sie auch das Richtige, und wenn es ihr wieder einmal gelungen war, einen Minuspunkt in einen Pluspunkt zu verwandeln, war sie stolz. Man sah sie fast nur noch mit fröhlichem Gesicht.»

Scott hielt einen Augenblick inne und fuhr dann fort: «Eines Tages beschloß Lucy Lake, das NES-Memo-System auch in ihrem persönlichen Leben anzuwenden. Die Nur-Eine-Seite-Übersichten hatten ihr geholfen, ihre Leistung bei der Arbeit enorm zu steigern, und nun ging sie daran, dieselben Prinzipien auch für ihre privaten Ziele nutzbar zu machen. Als erstes begann sie, mit der NES-Memo-Methode ihrem Gewichtsproblem zu Leibe zu rücken.

Lake erarbeitete sich ein Schwerpunkt-Memo mit Kritischen Erfolgsfaktoren für die Bereiche Gesundheit, Diät, Bewegung und Finanzielles. In einem Notizbuch hielt sie die relevanten Informationen fest und stellte wöchentlich ein Schwerpunkt- und ein Feedback-Memo zusammen.

Lucy Lake blieb ihren Fortschritten auf der Spur, indem sie jede Woche ihre Pluspunkte und ihre Minuspunkte analysierte. Der Erfolg war erstaunlich. Sie sagte zu Brown, sie habe innerhalb von drei Monaten in allen Bereichen das Befriedigende Zielniveau erreicht und alle Minuspunkte ausgeräumt. Daraufhin setzte sie sich noch ehrgeizigere Ziele und verbesserte sich noch weiter. Vor einem Monat hat Brown sie befördert – und schon jetzt macht sie ihre Sache besser als der vorige Leiter der Qualitätskontrolle.»

Der Info-Mann hatte Lucy Lakes Erfolgsstory mit großem Interesse angehört. Sie führte von selbst zu dem Thema, das er heute mit Scott besprechen wollte. Dazu fragte er Scott: «Wie sind Sie auf Lucy Lake aufmerksam geworden?»

«Bei der Beobachtung der Ergebnisse des Memo-Management-Programms hörte Brown in einer Sitzung zufällig Lucys Namen», antwortete Scott.

«Ich verstehe», sagte der Info-Mann. «Wenn Sie nun auch noch das Dritte NES-Memo einbeziehen, erfahren Sie aus erster Hand, wer in Ihrer Firma Hochleistungen wie Lucy Lake erbringt.»

«Das wäre sehr nützlich», sagte Scott. «Wie soll das gehen?»

Der Info-Mann sagte lächelnd: «Indem Sie die NES-Memos Ihrer Manager miteinander in Beziehung setzen.»

Scott war elektrisiert. «Bitte erklären Sie mir das genauer», sagte er.

Der Info-Mann begann, Scott die Vernetzung der Memos zu erklären. «Wie Sie wissen, bekommen Sie durch Schwerpunkt- und Feedback-Memo wichtige Informationen über Ihre Kritischen Erfolgsfaktoren. Aber diese Memos sagen Ihnen nicht, was sich auf den Organisationsebenen unter Ihnen tut.»

«Das stimmt», sagte Scott.

«Würde es Sie nicht interessieren, auch über die Leistungen Ihrer Mitarbeiter und deren Mitarbeiter unterrichtet zu werden?»

«Doch, auf jeden Fall», sagte Scott.

«Und was glauben Sie, wie man das bewerkstelligen könnte?»

«Indem ich eine Kopie der Schwerpunkt-Memos meiner Mitarbeiter bekäme», antwortete Scott.

«Das wäre natürlich eine Lösung. Aber wenn ich diese Lösung proklamieren würde, dürfte ich mich nicht mehr Info-Mann nennen», sagte der Info-Mann. «Dadurch würde nämlich wieder eine Informationslawine losgetreten.»

«Ich könnte mir ja auch die Kopien der Feedback-Memos meiner Mitarbeiter ansehen», schlug Scott vor.

«Das wäre entschieden besser. Sie bekämen dadurch einen Überblick über den Ist-Zustand aller Kritischen Erfolgsfaktoren Ihrer Mitarbeiter, die positiv oder negativ sind. Aber auch das wären wieder eine Unmenge von Informationen», sagte der Info-Mann.

Als er merkte, daß Scott keine neuen Vorschläge mehr machte, sagte der Info-Mann: «Wie fänden Sie es denn, alle guten und schlechten Nachrichten über die Arbeit Ihrer direkten Mitarbeiter auf einem einzigen Blatt zu bekommen?»

«Großartig!» sagte Scott.

«Und wie wär's, wenn dieses Blatt auch die Glanzlichter der guten Nachrichten über die Arbeit von Mitarbeitern mehrerer Organisationsstufen unter Ihnen enthalten würde?»

«Wunderbar!» rief Scott.

«Sie könnten darauf auch noch die negativen Spitzenwerte aus den Ebenen unter Ihnen vorfinden», fuhr der Info-Mann fort. «Und außerdem wären Sie sicher, daß Sie damit wirklich alle relevanten Informationen vor sich haben und nichts vergessen worden ist.»

Scott war Feuer und Flamme. «Ist das denn möglich?» fragte er.

«Ja», sagte der Info-Mann. «Diese geballten Informationen bekommen Sie, wenn Sie das Dritte NES-Memo dazunehmen. Das Management-Memo ist das Verbindungsglied, das es ermöglicht, die wichtigsten Informationen aus den Feedback-Memos herauszuziehen.»

Scott war fasziniert. Er wollte unbedingt herausfinden, wie die Vernetzung der Memos vor sich ging.

Der Info-Mann freute sich über Scotts Begeisterung. «Das Management-Memo entsteht folgendermaßen», begann er. «Nehmen wir an, Sie hätten drei direkte Mitarbeiter. In den Feedback-Memos dieser Mitarbeiter gibt es Erfolgsfaktoren, die den akzeptablen Bereich über- oder unterschreiten. Diese positiven oder negativen Ausnahmen aus den Feedback-Memos Ihrer Mitarbeiter finden Sie in Ihrem Management-Memo wieder, und zwar auf der rechten Seite. Die Pluspunkte in der oberen und die Minuspunkte in der unteren Hälfte.»

«Das ist das gleiche, als wenn ich mir die Feedback-Memos meiner direkten Untergebenen anschaute», wandte Scott ein.

«Richtig», sagte der Info-Mann. «Der Unterschied ist, daß das Management-Memo Ihnen konzentrierte Informationen auf einer einzigen Seite in die Hand gibt.»

«Was steht denn auf der linken Seite dieses Memos?» fragte Scott.

«Ich danke Ihnen für diese Frage», sagte der Info-Mann. «Damit kommen wir zum aufregendsten und charakteristischsten Merkmal des Memo-Managements. Bitte lassen Sie mich ein wenig ausholen.»

Der Info-Mann stand auf, nahm einen Magic Marker und trat an die weiße Tafel in Scotts Büro. Als erstes zog er eine senkrechte Linie. Daneben malte er ganz oben hin einen Manager, darunter fünf weitere Manager, die die verschiedenen Management-Ebenen repräsentieren sollten.

«Nehmen wir an, daß diese Manager ihre Schwerpunkt- und Feedback-Memos ausgearbeitet haben. Sie überwachen ihre Fortschritte im Bereich aller Kritischen Erfolgsfaktoren.

Nun haben diese Manager durch harte Arbeit und einfallsreiche Entscheidungen ein paar wirklich außergewöhnliche Pluspunkte erzielt. Wenn ihre NES-Memos durch das Management-Memo miteinander kombiniert werden, erscheinen Spitzenleute wie Lucy Lake auf der linken Seite Ihres Management-Memos.»

«Ich frage mich, warum es bisher immer so schwierig war, die Spitzenkönner einer Firma aufzufinden», sagte Scott mit einem Seufzer.

«Das kann ich Ihnen sagen», meinte der Info-Mann. «Aber zuvor möchte ich Ihnen erst noch eine Frage stellen. Wer erfährt beim gegenwärtigen Organisationssystem der X-Corp, wenn jemand am unteren Ende der Management-Pyramide eine wirklich tolle Leistung bringt?»

«Derjenige über ihm. Sein Chef.»

«Und wer bemerkt es, wenn es eine Superleistung ist?»

«Ebenfalls der Chef.»

«Und wem wird die gute Leistung angerechnet, der Person, die sie erbracht hat, oder wieder dem Chef?»

«Normalerweise leider dem Chef», antwortete Scott.

«Aber das ist ungerecht», sagte der Info-Mann. «Es ermutigt die Manager ja geradezu, die Beförderung ausgezeichneter Leute so lange wie möglich hinauszuzögern. Und wenn sie endlich befördert werden, sind sie dann oft schon alt und müde.»

Scott stimmte dem Info-Mann zu. «Wenn ein Manager gute Leute hat, erntet er für ihre Leistungen Lob und Ansehen. Da ist die Versuchung natürlich groß, sie so lange wie möglich an ihrem Platz zu halten. Das nennt man dann einen sicheren Arbeitsplatz!»

Der Info-Mann lachte. Dann sagte er: «Leider muß man aber sehen, daß es in sehr vielen Firmen so ist. Dagegen muß unbedingt etwas getan werden! Wer eine gute Leistung bringt, muß selber dafür Anerkennung bekommen. Wo bleibt sonst der Leistungsanreiz? Ich sehe es als einen der größten Vorteile des Memo-Managements, daß es für Transparenz sorgt von den Beschäftigten ganz unten bis zum Top-Management.»

Dem stimmte Scott zu. «Wenn ich Ihr System recht verstehe, macht es die Leistung der Mitarbeiter durch die Linie hoch transparent, so daß jeder selbst Anerkennung bekommt, wenn er etwas Außergewöhnliches leistet. Und dem Chef wird dann wahrscheinlich angerechnet, daß er den Mitarbeiter gut geführt hat.»

«Genau», bestätigte der Info-Mann. «Wenn sich jemand ganz besonders einsetzt, ist es doch nur fair, daß die Nachricht davon bis ganz nach oben dringt. Sie wollen doch die Asse in Ihrer Belegschaft kennenlernen, nicht wahr?»

«Natürlich», antwortete Scott. «Natürlich will ich meine Leute kennenlernen.»

Der Info-Mann ging wieder zu der weißen Tafel, nahm einen roten Stift und verband den untersten Mann, den er zuvor gezeichnet hatte, mit dem Top-Manager ganz oben. «Sie als der Chef müssen sich über die Leistungen der Mitarbeiter mehrere Management-Stufen unter Ihnen informieren können», sagte er zu Scott.

«Sollen auch schlechte Leistungen die Linie hoch weitergegeben werden?» fragte Scott.

«Das Prinzip der Durchlässigkeit gilt auch für negative Ausnahmen.»

«Aber müssen sich dann nicht zu viele Managementebenen mit einem Problem befassen, das der unmittelbare Vorgesetzte des betroffenen Managers bereinigen könnte?» wandte Scott ein.

«Nein», antwortete der Info-Mann. «Denn Sie bestimmen, ab welchem Punkt Schwierigkeiten nach oben weitergegeben werden sollen. Sie können dem einzelnen und seinem Chef viel Zeit lassen, die Sache selbst zu klären.

So könnten Sie zum Beispiel anordnen, daß alle Kritischen Erfolgsfaktoren, die mehr als vier Berichtszeiträume hintereinander positiv oder negativ sind, zwei Stufen nach oben weitergegeben werden. Fällt derselbe Erfolgsfaktor acht Wochen danach immer noch ständig negativ oder positiv aus, könnte die Nachricht drei Stufen höher weitergereicht werden.

In der linken oberen Hälfte Ihres Management-Memos erscheinen deshalb alle Leistungen, die lange genug positiv oder negativ ausgefallen sind, um Ihre Aufmerksamkeit zu verdienen, wobei Sie selbst die Fristen bestimmen.

Wenn die verschiedenen Memos miteinander verbunden werden, bekommt das Feedback-Memo eine zusätzliche Spalte. Sie verrät dem Empfänger, welche guten oder schlechten Nachrichten an die oberen Ebenen der Organisationshierarchie weitergeleitet worden sind.»

«Es wirkt motivierend, wenn meine Mitarbeiter wissen, daß ich über ihre positiven Leistungen informiert bin», sagte Scott.

«Darin besteht ja die Kraft des Memo-Managements», sagte der Info-Mann. «Das Feedback-Memo spornt die Asse immer zu Höchstleistungen an.»

Der Info-Mann nahm ein Blatt Papier, zeichnete ein Quadrat und teilte es in vier Quadranten. Er numerierte die einzelnen Felder und sagte zu Scott: «Was Sie hier sehen, ist das eben besprochene Grundgerüst des Management-Memos. Die genannten Punkte passen genau in dieses Schema.»

DAS DRITTE NES-MEMO:
DAS MANAGEMENT-MEMO

Indirekte Mitarbeiter mehrere Stufen tiefer	Direkte Mitarbeiter eine Stufe tiefer
1. Positiv-Zone Erwähnung ausgezeichneter Leistungen von Managern mehrere Ebenen tiefer	**2. Positiv-Zone** Gute Leistungen (mit Details) der direkten Mitarbeiter
3. Negativ-Zone Erwähnung anhaltender Probleme mehrere Stufen tiefer	**4. Negativ-Zone** Mangelhafte Leistungen (mit Details) direkter Mitarbeiter

SCOTT nahm das Blatt und sah sich das Schema des Management-Memos an. Dann fragte er den Info-Mann: «Welche Informationen über die Arbeit meiner Leute würden mir entgehen, wenn ich nur dieses Memo hätte?»

«Keine entscheidenden», sagte der Info-Mann lächelnd. «Dieses Memo ist vollständig, vorausgesetzt, daß zwei Bedingungen erfüllt sind. Die erste: Jeder Ihrer Manager muß seine wesentlichen Kritischen Erfolgsfaktoren korrekt festgelegt haben. Die zweite: Jeder Manager muß seine Ziele richtig bestimmt haben. Sind diese Bedingungen erfüllt, dann entgeht diesem Bericht nichts Außergewöhnliches, sei es positiv oder negativ, in den Management-Rängen unter Ihnen.»

Der Info-Mann bekräftigte gleich noch einmal: «Sind beide Bedingungen erfüllt, können Sie sichergehen, daß nichts Wichtiges unter den Tisch fällt.»

Klingt logisch, dachte Scott. Aber die beiden Bedingungen wollen erst mal geschaffen sein! «Das Problem ist wohl, diese Voraussetzungen zu erfüllen», sagte Scott skeptisch.

«Natürlich ist das nicht einfach», sagte der Info-Mann. «Aber es ist eine entscheidende Vorbedingung, wenn Sie auf Dauer Erfolg haben wollen.»

Scott war klar, daß er der Bestimmung der Kritischen Erfolgsfaktoren und der Formulierung klarer Ziele besondere Aufmerksamkeit widmen mußte, wenn er das Memo-Management gewinnbringend anwenden wollte.

Der Info-Mann zeigte auf das Gerüst des Management-Memos, das er aufgezeichnet hatte, und sagte: «Durch die Informationen dieses Memos können die Manager effektiver mit ihren Mitarbeitern kommunizieren und damit besser führen. Dieses Memo hilft, das Konzept des ‹Mobilen Managements› mit Leben zu erfüllen. Wenn die Manager von einem Mitarbeiter zum anderen wandern, haben sie etwas Positives und Korrektes mit ihnen zu besprechen.

Zum Beispiel können Sie jemanden im Lift, vor den Augen aller Anwesenden, für eine besonders gute Leistung loben. Oder Sie können jemandem einen Verstärker in Form einer lobenden Notiz schicken und sich bei dem Mitarbeiter oder der Mitarbeiterin für die gute Arbeit bedanken. Das kann ein Abteilungsleiter in Ihrem Zweigwerk in Kansas sein oder Lucy Lake, die mehrere Organisationsebenen unter Ihnen steht.

Verstehen Sie, wie motivierend ein solcher positiver Verstärker wirken kann?» fragte der Info-Mann und fuhr, ohne Scotts Antwort abzuwarten, fort: «Dieses Memo hilft Ihnen, Kommunikationsbarrieren zu überwinden und Ihre Mitarbeiter angemessen zu behandeln.»

**Das Geheimnis
erfolgreichen Managements
liegt darin,
seine Mitarbeiter
angemessen zu behandeln.
Und das kann man
nur mit zuverlässigen
Informationen**

Scott nickte zustimmend. Seine Mitarbeiter hatten in der Tat einen Anspruch darauf, gerecht behandelt zu werden. Wie er aus Erfahrung wußte, brauchte er dazu genaue Informationen über ihre Leistungen. Aber auch das war noch nicht alles. «Ich bin ganz Ihrer Meinung, daß das Memo-System nützliche Informationen liefert», begann Scott. «Aber wir müssen unseren Managern auch die menschlichen Fähigkeiten mitgeben, damit sie ihre Mitarbeiter gerecht behandeln können.»

«Stimmt», sagte der Info-Mann. «Sobald die drei NES-Memos vorliegen, ist die Vorbereitungsphase abgeschlossen. Dann kommt die Herausforderung für das Management. Sie müssen Ihre Führungskräfte darin schulen, sich um das Vorwärtskommen ihrer Mitarbeiter zu kümmern, ihre Kommunikations- und Problemlösungsfähigkeit zu erhöhen und ihre Leute dabei zu erwischen, wenn sie etwas richtig machen. Wenn Ihre Mitarbeiter so weit sind, diese Fähigkeiten in die Praxis umzusetzen, werden sie erkennen, was für ein großartiges Management-Instrument die NES-Memos sind.»

Diese Worte waren Scott aus dem Herzen gesprochen. Er nickte wieder und wieder. Doch dann fiel ihm noch eine Frage ein. «Wer erarbeitet die Management-Memos?»

«Eine Firma von der Größe der X-Corp sollte das Management-Memo mit dem Computer erstellen», antwortete der Info-Mann. «Wenn Sie mit dem Computer arbeiten, können Sie alle Ihre Informationsquellen, seien sie manuell oder elektronisch, zusammenbringen. Der Computer faßt das Datenmaterial zusammen und erstellt daraus einen Bericht nach den Wünschen Ihrer Manager. Sie können in das Programm noch zusätzliche Kapazitäten einbauen, damit Ihre Manager über den NES-Bericht hinaus noch weitere Informationen abrufen können.

In dem Maße, wie Ihre Manager mit den NES-Memos vertraut werden und sich in ihrer Arbeit darauf stützen, brauchen sie immer weniger auf die Hunderte von Berichten zurückzugreifen, die ich bei meinem ersten Besuch in Ihrem Büro vorgefunden habe. Statt diese Berichte an Ihre Führungskräfte zu verteilen, werden Sie dann vielleicht nur je ein Exemplar in eine Informationsbücherei stellen. Ihre Manager können diese dann bei Bedarf in der Bücherei einsehen, wenn sie bestimmte Daten brauchen. Sie werden dann vielleicht auch darauf verzichten, eine Menge Berichte zu erarbeiten, die keiner braucht.»

Scott hörte aufmerksam zu. Der Info-Mann erinnerte sich an Scotts frühere Bemerkungen über sein Verhältnis zu Computern und fügte hinzu: «Falls Sie ohne Computer arbeiten wollen, sage ich Ihnen nun noch, wie man das Management-Memo manuell erstellt. Das Verfahren ist dann ein bißchen umständlicher.

Sie bitten Ihre Manager, in Gruppensitzungen die guten und schlechten Nachrichten aus ihrem Bereich zu besprechen und das Management-Memo auszufüllen.

Diese Gruppensitzungen erfüllen eine wichtige Management-Funktion. Dazu trifft sich jeder Manager mit seinen unmittelbaren Untergebenen. Auf diese Weise nimmt jeder Manager pro Woche an zwei Sitzungen teil, einmal als Leiter, das andere Mal als Mitglied einer Gruppe. Die verschiedenen Teams werden durch diese Sitzungen miteinander verkettet und ermöglichen eine effektive Kommunikation innerhalb der Organisation.

Anhand der Feedback-Memos der einzelnen Gruppenmitglieder werden in den Sitzungen die guten und schlechten Nachrichten erörtert. In die obere rechte Ecke des Berichtschemas trägt der Leiter mindestens eine Leistung ein, auf die der jeweilige Mitarbeiter so stolz ist, daß er sie den anderen mitteilen möchte.

In die untere rechte Ecke schreibt der Leiter ein Problem, mit dem sich der jeweilige Mitarbeiter herumschlägt.»

«Und was kommt auf die linke Seite?» wollte Scott wissen.

«In die linke Hälfte trägt der Leiter positive und negative Ausnahme-Leistungen aus den Memos ein, die er von den unteren Rängen bekommt», antwortete der Info-Mann.

«Diese manuelle Lösung, die Sie eben dargestellt haben, erscheint mir ganz brauchbar», bemerkte Scott.

«Sie hat natürlich ihre Vorzüge», sagte der Info-Mann. «Aber ich würde Ihnen dennoch die Computer-Lösung, verbunden mit Gruppensitzungen, vorschlagen.»

Der Info-Mann packte seinen Block ein. Er sah Scott aufmerksam an, lächelte und sagte dann zuversichtlich:

«Ihr großes Ziel ist es, die X-Corp zu sanieren. Ich bin sicher, daß Sie das schaffen.»

Scott bedauerte, den Info-Mann aufbrechen zu sehen. Die Gespräche mit dem rätselhaften Unbekannten hatten ihm Spaß gemacht.

«Wann dürfen wir Sie wieder hier begrüßen?» fragte er.

«Sie brauchen mich nun nicht mehr», sagte der Info-Mann.

«Jetzt, wo Sie uns gerade mit dem Memo-Management bekannt gemacht haben, können Sie uns doch nicht ganz im Stich lassen», bat Scott. «Was machen wir, wenn es Probleme gibt, mit denen wir nicht fertig werden?»

«Dann werde ich mich mit Ihnen in Verbindung setzen», versprach der Info-Mann, wünschte Scott viel Glück auf dem Weg zum Erfolg und verabschiedete sich.

Vierter Teil: Die Kraft des Memo-Managements

BALD hatten sich die Methoden des Kompakt-Managements in der X-Corp völlig eingebürgert. Die Manager wandten sie in ihrer täglichen Arbeit an, und viele übertrugen sie sogar in ihr Privatleben. Ihre Erfolge bestärkten sie in dem Wunsch, sich immer weiter zu verbessern.

Die X-Corp stellte das Memo-System nach einiger Zeit auf Computer um. Auf diese Weise wurde der Informationsfluß unter den Mitarbeitern neu geregelt. Die drei NES-Memos waren die wichtigsten Management-Berichte, die in der X-Corp zirkulierten. Sie stillten das grundlegende Informationsbedürfnis der Manager. Zur Ergänzung waren Informationsbibliotheken eingerichtet worden, in denen alle im Konzern benutzten Berichte aufbewahrt wurden.

Die Zeit, die der Computer ihnen ersparte, verwandten die Manager nun darauf, die Mitarbeiter anzuleiten, gemeinsam mit ihnen Problemlösungen zu erarbeiten und neue Aktionen zu planen.

An einem Montag morgen, ein halbes Jahr nachdem die NES-Memos in die tägliche Praxis übernommen worden waren, erhielt Scott seinen Management-Report.

MANAGEMENT-MEMO FÜR BRIAN SCOTT

für die Woche bis zum 7. Dezember

	UNTERE EBENEN		DIREKTE MITARBEITER					
	Name	Erfolgsfaktoren	Name	Erfolgsfaktoren	Ist-Zustand	Ziel	Zeitraum	Trend
Positives	Arnold Turner	% Ausschuß	Brown	% Gesamte Kapazitätsauslastung	98,8	98	3	P
			Patrick	% Unerledigte Beschwerden	5	10	2	P
				% Umsatz	5	8	1	P
			Rayner	% fällige Zahlungen über 30 Tage	10	5	8	N
			Clark	% Verkauf über Quote	12	5	1	P
	Name	Problem	Name	Erfolgsfaktoren	Ist-Zustand	Ziel	Zeitraum	Trend
Negatives	Joe Davis	% Rücksendungen	Brown	% Erste Qualität	90	94	5	N
			Patrick	% Manager geschult	5	10	3	N
				Incentive-Programm	verspätet	9. Okt.	10	–
			Rayner	% Außenstände über 30 Tage	40	20	8	N
			Clark	% Spezialverkaufsprogramm	10	30	3	P

Beim Durchsehen seines Management-Memos fiel Scotts Blick auf einen Namen in der linken oberen Ecke. Bisher war dieser Platz immer frei gewesen.

«Arnold Turner. Wer ist das?» fragte sich Scott. Er rief seine Sekretärin.

«Könnten Sie herausfinden, wer Arnold Turner ist?»

Nach ein paar Minuten teilte Joanne Evans Scott mit, Arnold Turner sei Abteilungsleiter im Kabelwerk der X-Corp in Kansas.

«Ich möchte Turner kennenlernen», sagte Scott. «Bitte veranlassen Sie, daß er nächste Woche hierherkommt. Informieren Sie auch Brown und den Werksleiter in Kansas, daß ich Turner persönlich für die Verringerung der Ausschußquote danken will.»

Joanne Evans rief Turner in Kansas an. Sie gratulierte ihm zu seiner Leistung und lud ihn ein, zum Hauptsitz der X-Corp zu fliegen, um Scott zu treffen. Der Besuch wurde für Dienstag nachmittag verabredet.

Turner war völlig begeistert. Er hatte die Ehrung redlich verdient. Als erfolgreichster Anwender des Memo-Managements war es ihm gelungen, beträchtliche Einsparungen in der Produktion durchzusetzen.

Nach jeder Beförderung hatte Turner neue Kritische Erfolgsfaktoren und Ziele festgelegt, die seinem neuen Betätigungsfeld entsprachen. Erreichte er das Befriedigende Zielniveau, hatte er die Zielmarke weiter nach oben verlegt.

Heute wurden seine Anstrengungen von Erfolg gekrönt. Er, Arnold Turner, war wichtig genug, daß der Spitzenmanager des Konzerns ihn kennenlernen wollte! Lächelnd nahm Turner den Telefonhörer ab und teilte seiner Frau die gute Nachricht mit.

Am Wochenende bereitete sich Turner auf sein Treffen mit dem Hauptgeschäftsführer vor, indem er die neuesten Statistiken über die Leistung seines Werks studierte. Außerdem las er ein Buch und verschiedene Zeitschriftenartikel, die Scott dem Management zur Lektüre empfohlen hatte.

Am Dienstagmorgen gab Turner seiner Frau einen Abschiedskuß und fuhr zum Flughafen. Nach einem zweistündigen Flug nahm er ein Taxi und kam um Mittag an der Konzernzentrale der X-Corp an.

Turner sah das eindrucksvolle Hauptgebäude zum erstenmal. Er war stolz, bei der X-Corp zu arbeiten. Seine Einsatzbereitschaft hatte sich gelohnt.

Nachdem er in einem Restaurant unweit des Firmengebäudes gegessen hatte, machte Turner sich auf den Weg zur X-Corp. Voll froher Erwartung fuhr er mit dem Fahrstuhl hoch zu Scotts Büro, wo Joanne Evans ihn empfing.

«Bitte nehmen Sie Platz. Mr. Scott wird in ein paar Minuten hier sein», sagte Joanne Evans.

Bald öffnete sich die Tür. Mit einem herzlichen Lächeln kam Scott auf Turner zu und begrüßte ihn.

Scott hatte sich zuvor nach den Leistungsdaten des Kabelwerks in Kansas erkundigt. Dabei hatte sich herausgestellt, daß Turner der X-Corp durch die Verbesserung der Fertigungsprozesse, vor allem durch die Senkung der Ausschußquote, zu Einsparungen in Millionenhöhe verholfen hatte.

«Ich sah Ihren Namen ganz oben auf meinem Management-Memo», sagte Scott.

«Ja, ich weiß», antwortete Turner. «Mein Feedback-Memo zeigte an, daß die Nachricht von der Senkung der Ausschußproduktion an Sie weitergegeben würde. Allerdings war ich nicht sicher, ob sie Ihnen auffallen würde.»

«Sagen Sie», fragte Scott, «wie haben Sie es gemacht, eine solche außergewöhnliche Leistung zu erbringen?»

«Ich habe mir klare Ziele gesetzt, meine Fortschritte im Auge behalten und alle Probleme stets zusammen mit meinen Mitarbeitern gelöst», antwortete Arnold Turner.

«Damit geben Sie eine kurze Zusammenfassung des Memo-Managements», sagte Scott. «Ich bin sehr zufrieden, daß wir dieses System eingeführt haben.»

Da beide Männer stolz auf die Arbeit waren, die in der X-Corp in den letzten Monaten geleistet worden war, fanden sie bald eine Menge Gesprächsthemen. Scott gefiel Turners aufrichtige Begeisterung. Vieles von dem, was Turner sagte, stimmte mit seinen eigenen Ansichten überein. Scott empfand das Gespräch mit Turner als so angenehm, daß er ihn fragte, ob er noch etwas bleiben und am Abend zu einer Cocktailparty mitkommen wolle. Turner nahm die Einladung an.

Am Abend besprachen Scott und Turner viele der ernsten Probleme, vor denen die X-Corp noch immer stand. Turner sah die Lage aus der Sicht der Fertigungshalle und steuerte aus dieser Perspektive verschiedene nützliche Ideen bei. Die Fähigkeit, Probleme kreativ zu lösen, hatte er bereits bei der Überwindung der Minusleistungen aus seinem Feedback-Memo bewiesen.

Als es für Turner Zeit wurde, zum Flughafen zu fahren, ließ Scott seinen Wagen kommen. Er geleitete Turner zum Wagen und dankte ihm im Namen des Aufsichtsrats für die hervorragende Leistung, die er in seinem Werk in Kansas bei der Ausschußverminderung vollbracht hatte. Mit einem herzlichen Lächeln fügte er hinzu: «Außerdem möchte ich Ihnen persönlich dafür danken, daß Sie mir auf Ihrem Posten dabei helfen, das Unternehmen zu sanieren. Sie haben Außerordentliches geleistet.» Dann verabschiedete er sich mit einem kräftigen Händedruck von Turner.

Turner war in Hochstimmung. Er schwebte so hoch über den Wolken, daß er kein Flugzeug gebraucht hätte, um nach Kansas zurückzufliegen. Die ganze Rückreise über lächelte er immer noch zufrieden vor sich hin.

SECHS MONATE NACHDEM Scott Turner eingeladen hatte, zeigte der Zustand der X-Corp deutliche Zeichen der Besserung. Scott hatte drastische Kostensenkungen durchgesetzt, mehrere Produktlinien auslaufen lassen, das Management gestrafft und neue Produkte und Service-Leistungen eingeführt. Entgegen Scotts bisheriger Erfahrung mit angeschlagenen Firmen waren die Probleme der X-Corp in erster Linie organisatorischer Art gewesen. Scotts sechster Sinn für das Marktgeschehen und seine Fähigkeit, sich ganz auf die Gegebenheiten des Unternehmens einzustellen, hatten den Umschwung bewirkt. Sobald das Memo-Management-System im ganzen Hause verankert war, trug es dazu bei, den neugefundenen Lösungen zu dauerhaftem Erfolg zu verhelfen. Die Erholung des Konzerns war von Dauer und mündete in einen neuen Aufschwung.

Die verbesserte Qualität der Produkte der X-Corp steigerte den Absatz. Die Produktivität wuchs. Das Ergebnis war, daß die Nettoerträge der Firma in die Höhe kletterten. Anteilseigner und Aufsichtsrat waren zufrieden.

Am zweiten Jahrestag seines Dienstantritts bei der X-Corp dachte Scott an den ersten Besuch des Info-Mannes zurück. Er wußte nun, warum der Info-Mann das NES-Papier-System so nachdrücklich empfohlen hatte. Es war nicht wie so viele andere gute Ideen, die kommen und gehen, ohne eine bleibende Wirkung zu hinterlassen. Dank des Memo-Managements hatte Scott dauerhafte Veränderungen in der X-Corp bewirkt.

Das Memo-Management erfaßte alle Organisationsebenen von der Chefetage bis zur Werkhalle. Da es auf dem Streben der Manager nach einem hohen Qualitätsstandard und auf freier Weitergabe von Informationen innerhalb des Unternehmens aufbaute, ermöglichte es eine bleibende Wendung zum Guten. Das System förderte die gerechte Anerkennung der erbrachten Leistungen und die innerbetriebliche Transparenz und brachte die Manager dazu, sich auf Verhaltensweisen umzustellen, die mit dem neuen System vereinbar waren. Scott fiel ein, wie der Info-Mann die Informationslage in der X-Corp mit einem Datenmeer verglichen hatte. Mit Befriedigung stellte er fest, daß das Memo-System nicht nur die dringend notwendigen Veränderungen möglich gemacht hatte, sondern die Führungsmannschaft auch auf Dauer davor bewahrte, in der Überfülle von Informationen zu ertrinken.

Vor zwei Jahren hatte er auf die Frage des Info-Mannes geantwortet, Erfolg heiße für ihn, die X-Corp zu sanieren. Nun war es soweit. Er hatte sein Ziel innerhalb der vorgesehenen Frist erreicht. Gern hätte er dem Info-Mann für seine Ratschläge gedankt. Er wußte jedoch, daß der Info-Mann als Gegenleistung für den Aufschwung, den die X-Corp durch das Memo-Management erlebte, nur um eines gebeten hätte, nämlich darum…

Das Memo-Management als Idee und Praxis an andere weiterzugeben

Inhaltliche Anerkennung

Für Hilfe bei der Entwicklung und praktischen Umsetzung der in diesem Buch dargestellten Konzepte schulden wir folgenden Menschen Dank:

Jim Dewberry, Buddy Roberts, Bob Bishop und Dwight Carlisle haben uns geholfen, die Gedanken des Memo-Managements über das Frühstadium hinaus zu entwickeln.

Ken Blanchard, Larry Miller und Aubrey Daniels haben uns die Grundsätze des Leistungs-Managements gelehrt.

Russ Harrison danken wir für die beständige Ermutigung, unser Konzept auch im Projektbereich einzusetzen.

Bob Guyton, Joe Anderer, Bill Garwood, Mike Piazza, Harry Holliman, Bob Rutland, Guy Rutland, John Singleton, Tom Cook, Bill Capps, Fred Cisweski, Frank McCreary, Craig Clonts, Abbot Whitney, Peggie Chappelle und Mary Ann Keeny haben das Memo-Management-System in ihren Organisationen gefördert.

Persönliche Anerkennung

Für ihre unschätzbare Unterstützung bei der Entstehung dieses Buchs danken wir:

Linda Khadem, die uns in allen Phasen die wichtigste Beraterin war.

Ken Blanchard, unserem Mentor und Freund, der uns stets mit wertvollen Anregungen zur Seite stand und uns durch Ein-Minuten-Lob immer wieder aufmunterte.

Pat Zigarmi, die das Manuskirpt kritisch überarbeitete.

Margaret McBride, die uns literarische Agentin, Freundin und ständige Stütze war.

Den Angestellten des Verlags William Morrow and Company, namentlich Al Marchioni und Pat Golbitz, danken wir dafür, daß sie an uns glaubten und die Konzepte des Memo-Management-Systems interessant genug fanden, um dieses Buch herauszubringen.

Kelsey Tyson und Marjorie Blanchard schenkten uns Ermutigung, konstruktive Kritik und Unterstützung.

Ramin Khadem hat das Manuskript als Finanzfachmann durchgesehen.

Riaz Khadem dankt außerdem:

Rex Pulford, meinem fachlichen Berater und Freund, für seine unschätzbare Arbeit bei der theoretischen Entwicklung des Memo-Managements.

Doug Ruhe und Bill Geisseler, daß sie an meine informationelle Lösung geglaubt haben.

John Montgomery, daß er mir in einem schwierigen Abschnitt meiner Karriere zur Seite stand.

Peggy Hunt, die mir während der gesamten Arbeit an diesem Manuskript eine loyale und tüchtige Sekretärin gewesen ist.

Ein besonderes Dankeschön meinen Eltern, von denen zu lernen ich niemals aufgehört habe, meinen Geschwistern für ihre aufmunternden Worte und Taten und meinen Kindern Nasr, Tina und Gregory für alle Wochenenden, die sie ohne mich verbringen mußten.

Bob Lorber dankt:

Gordon Anderson, Bud Ogden, Ethan Jackson, Brady Justice, Alan McMillen, Gary Anderson, George Argyros, Ray Watt, Ken Ramsey und Jim Morrell.

Meinen Partnern, Kef Kamai und Donna Sillman, und dem fähigen Personal bei Lorber Kamai Associates, Inc.

Meiner Assistentin Muriel Swartz für ihre stets gewissenhafte, hervorragende Arbeit.

Meiner Frau Sandy und meinen Töchtern Tracie und Lindie.

RIAZ KHADEM, Ph. D., ist Präsident der Firma INFOTRAC, INC., in Atlanta, Georgia, die sich auf innerbetriebliche Informationssysteme spezialisiert hat. Dr. Khadem ist Diplom-Ingenieur und promovierte an der Harvard-Universität in Engineering Science und am Balliol College der Universität Oxford in Mathematik.

Anschließend war er in der Forschung und als Professor für Mathematik an verschiedenen europäischen und amerikanischen Hochschulen tätig, ehe er sich mit angewandter Wissenschaft beschäftigte und neue Management-Systeme entwarf für Unternehmen jeder Größe, vor allem in den Bereichen Fertigung, Transportwesen, Textilindustrie und Landwirtschaft.

ROBERT LORBER ist Präsident der Firma Lorber Kamai Associates, Inc., in Orange und Los Angeles, California, die sich einen Namen gemacht hat auf den Gebieten Strategische Unternehmensplanung und Einführung neuer Systeme zur Produktivitätsoptimierung. Dr. Lorber hat an der University of California die Fächer Angewandte Verhaltenswissenschaft und Betriebspsychologie studiert.

Zusammen mit Kenneth Blanchard schrieb er den Leitfaden «Die Praxis des Ein-Minuten-Managers».

For further information about
One Page Management
contact:

INFOTRAC, INC.
600 River Valley Road, Suite B
Atlanta, Georgia 30328
U.S.A.

Die «Minuten-Bücher» Das Erfolgs-Rezept

«Diese Ratschläge kann jeder bereits am Morgen nach der Lektüre anwenden, denn hier wird wirklich ein ‹praktisches Instrumentarium der Geschäftsleitung› geboten.
Überall, wo Führung der Mitarbeiter gelehrt oder praktiziert wird, sollte dieses Buch nicht fehlen.»
Georg Giersberg, Frankfurter Allgemeine Zeitung

Kenneth Blanchard / William Oncken, Jr. / Hal Burrows
Der Minuten-Manager und der Klammer-Affe

Kenneth Blanchard / Spencer Johnson
Der Minuten-Manager

Spencer Johnson / Larry Wilson
Das Minuten-Verkaufstalent

Kenneth Blanchard / Patricia Zigarmi / Drea Zigarmi
Der Minuten-Manager: Führungsstile

Spencer Johnson
Eine Minute für mich

Kenneth Blanchard / D.W. Edington / Marjorie Blanchard
Der Minuten-Manager: Fitness

Rowohlt